김장래 수필집

내 인생

(물레방아- 정연서 그림)

책머리에

첫걸음마를 떼면서

어릴 적 간절한 꿈이 있었습니다. 작가가 되어 좋은 글을 쓰고, 훌륭한 작품집을 펴내는 꿈이었답니다. 그 꿈길을 걸으면서 무엇보다 책을 좋아했었지요. 새 책을 구하여 읽을 때가 가장 즐거웠고, 그때마다 나도 이런 책을 꼭 내겠다는 다짐을 하곤 했더랍니다. 한데, 삶이라는 게 어디 맘먹은 대로 되는 거랍니까. 호구지책에 매달려 어찌어찌 살다 보니 옆길로 빠지게 되더군요. 자연히 꿈을 잊고 살았더랍니다. 그렇게 살기를 삼십여 년….

10년 전 일입니다. 그해 마지막 날에 반평생 내 삶의 반려였던 공직 외길과 헤어졌습니다. 그리고는 흔히 제2 인생이라고 하는 낯선 길에 첫발을 내디뎠습니다. 무작정 나선 길이라 막막했습니다. 어찌 살아가야 하나. 처음 얼마간은 걱정 반 시름 반으로 살았답니다.

그런데 하늘이 무너져도 솟아날 구멍이 있다더니 그렇더군요. 어찌 알았겠습니까. 캄캄하기만 한 낯선 길에서 어릴 적 꿈을 되살려 주는 벗을 만날 줄이야. 구세주라도 만난 듯하였습니다.

'평창문예대학'이 그 벗입니다. 이 대학은 평창에 새 둥지를 튼 河書 김시철 선생님이 마련한 글공부 교실입니다. 이 대학과 더불어 살아온 세월이 어느덧 십 년. 억겁에 비할 때 십 년 성상이 무슨 의미가 있겠습니까마는 미물의 처지에서 보면 참 길고도 대단한 세월입니다.

이제 평창문예대학과 벗한 제2 인생길, 십 년 세월의 열매 하나, 『내기 인생』이라는 첫 작품집을 따려고 합니다. 어릴 적 꿈이 이뤄지는 소중한 순간입니다. 따로 이름 짓기가 무엇하여 한 작품의 제명을 그대로 따왔습니다. 1편에는 그동안 발표하였던 작품을, 2편에는 습작으로 써두었던 몇몇 작품을 골라 실었습니다.

'첫'이라는 말을 생각해 봅니다. '첫' 자로 시작하는 말이 참 많군요. 첫걸음, 첫사랑, 첫날밤, 첫눈, 첫아이, 첫울음, 첫머리, 첫술 등등. 이렇게 '첫' 자로 시작하는 말은 설렘입니다. '첫'이라는 체험은 미완의 두려움입니다.

온갖 인생사의 성패가 첫걸음에 달렸다고 하지 않습니까. 그러기에 제2 인생길 첫 열매를 딴다는 게 두렵습니다. 첫술에 배부를 수 있겠느냐고 달래봅니다마는 부끄럽기만 합니다. 이것도 글이라고…. 핀잔이나 듣지 않을까, 두려움이 가슴을 움츠리게 합니다. 그래도 어쩌겠습니까. 뒤뚱거리나마 일어서 걸어보아야지요. 첫돌 맞이 아기의 아장걸음이라 여기시고 어여삐 눈여겨 주시면 고맙겠습니다.

이 계기를 마련해 주신 河書 김시철 선생님, 평창문예대학 문우, 강원문화재단에 감사의 말씀을 드립니다. 그리고 고마운 사람, 아내에게 평소 건네지 못한 말 한마디 하렵니다.

"그동안 늘 내 곁을 지켜주어서 고맙소. 앞으로도 오래도록 함께합시다. 사랑해요."

2018년 8월

격려의 글

쉬운 듯 어려운 수필 문학

河書 김시철
(시인 · 전 국제PEN클럽 한국본부 회장)

수필은 체험문학의 거울과도 같다. 특히 운문이 갖는 질량(質量)보다 산문의 경우는 더더욱 그러하다.

문학 장르 중 수필에 대한 보편적 인식은 대체로 잘못 알려져 가볍게 보아 넘기는 경향이 있다. 하지만 수필이 갖는 특성은 쉬운 글이면서도 어렵다는 데 있다. 굳이 주석을 달거나 해설이 필요 없이 손쉽게 전달될 수 있는 이점을 가진 수필은 그 쉬운 것이 더 어렵다는 것이다.

상상력보다는 다분히 체험을 통해서 소재가 얻어지는 수필을 쓰려면 그야말로 삶의 완숙도가 요구되므로, 그래서 우리는 수필을 '체험문학'이라고 말한다.

수필가 김장래의 첫 수필집 『내기 인생』을 읽노라면 회갑(回甲) 넘게 살아온 그의 고단한 삶의 역정(歷程)을 속속들이 보게 된다.

오랫동안 공직생활에서 몸에 밴 고지식하면서도 빈틈없는 생활 신조와 사물을 접하며 인식하는 날카로운 눈은 곧 수필이라는 결과물로 만들어져 읽는 이로 하여금 '인간 김장래'를 여실하게 보여준다. 그는 수필을 통해 가감 없이 자기 자신을 드러내 보인다.

글이 사람을 못 속이듯 수필집 "내기 인생"을 읽노라면 독자들은 아마도 그의 솔직한 사고력과 인격을 동시에 느끼게 될 것이다.

소싯적부터 문학에 심취해 어느 장르 가릴 것 없이 많은 독서를 해온 그는 산문, 수필뿐만 아니라 운문, 시에도 일가견을 가지고 있어 일견 기대되는 바가 크다.

늦깎이로 등단해 꾸준하게 밭갈이를 시작한 그에게 반드시 알찬 열매가 맺어지리라 확신하면서 더욱더 분발해 주기를 바란다.

2018년 8월, 평창 재산리 空心山房에서

차 례

내기 인생 김장래 수필집

☞ 책머리에

☞ 격려의 글

Ⅰ. 내기 인생 여울목

❄ 작은 행복 ☞ 13
❄ 동행 ☞ 18
❄ 백수 일정 ☞ 22
❄ 만남 ☞ 28
❄ 빈터의 임자 ☞ 34
❄ 내기 인생 ☞ 39
❄ 텃밭 ☞ 44
❄ 무언, 그 하찮은 변명 ☞ 50
❄ 한글은 민족혼이다 ☞ 55
❄ 북창 애수 ☞ 61
❄ 51번 시내버스 ☞ 66
❄ 이 가을 코스모스 단상 ☞ 71

차 례

❄ 대통령 나무 ☞ 76
❄ 100 고갯길을 걸으며 ☞ 81
❄ 상사화 그 애틋한 이름이여 ☞ 87
❄ 평창강 종부 나루 ☞ 92
❄ 북창에 기대서서 ☞ 97
❄ 송덕비 타령 ☞ 101
❄ 코피에 얽힌 사연 ☞ 107
❄ 효, 그 시작과 끝 ☞ 111
❄ 큰길로 바뀌는 옛 터전에서 ☞ 115
❄ 중천 선생 연모 시비 ☞ 119
❄ 평창 남산을 그리며 ☞ 124
❄ 향내 나는 인연 ☞ 129

II. 글공부, 제2 삶터에서

❄ 고별사 ☞ 137
❄ 제2 인생, 글공부 벗 삼아 ☞ 141
❄ 사비夜행 유감 ☞ 148
❄도산월야영매 ☞ 151
❄ 삼강주막 ☞ 155
❄ 청풍호반길 ☞ 160
❄ 망경대 ☞ 164
❄ 시산제 산행길에서 ☞ 167
❄ 양평 두물머리에서 ☞ 171
❄ 바다부채길을 걸으며 ☞ 179
❄ 나는 어떻게 말하는가 ☞ 183
❄ 어떤 아름다운 판결 ☞ 187

차례

❄ 결혼기념일 이야기 ☞ 192
❄ 며느리 발뒤축이 달걀 같다더니 ☞ 196
❄ 노년 건강전략 ☞ 200
❄ 도소주 ☞ 204
❄ 계포일락 ☞ 208
❄ 개와 개가죽 ☞ 212
❄ 견공 오륜 ☞ 215
❄ 법 법 자 풀이 ☞ 219
❄ 벽계수 묘역을 다녀와서 ☞ 222
❄ 경칩에 봄을 생각하며 ☞ 227
❄ 업 태수 서문표 일화 ☞ 231
❄ 술 이야기 ☞ 235

(고향 옛집 장독대)

1.

내 인생 여울목

(은행 낙엽)

배우가 분 바르고 연지 찍어 곱고 미운 것을 붓끝으로 흉내 낼지라도 문득 노래가 다 하고 막이 내리면 곱고 미운 것이 어디 갔는가.

바둑 두는 사람은 앞을 다투고 뒤를 겨루어 세고 약한 것을 바둑으로 겨루지만, 일단 대국이 끝나서 바둑돌을 쓸어 넣으면 그 승부는 어디 있는가.

- 채근담에서 -

작은 행복

크고 넓고 많은 것들만 선호하는 세상이다. 집은 국민주택규모인 85㎡가 훨씬 넘어야 하고, 돈은 억이 아니라 몇십억쯤 가졌다 해야 사람 취급을 받는다. 뇌물도 덩치가 커져서 수천만 원 정도는 용돈으로 간주해 때로는 그 뇌물이 옥살이를 덜어 줄 경우도 있다. 작은 고추가 맵다는데 왜 이리 큰 것만 좋아하는 세상이 되었는지 알다가도 모를 일이다.

신세타령하려는 것은 아니지만 나는 사람 축에도 못 끼는 불쌍한 존재인 것만 같은 처량한 생각이 들 때가 있다. 가진 것이 워낙 없는 것은 그렇다 치더라도 몇 안 되는 가진 것 중에서도 크고 많은 것이라곤 하나도 없기 때문이다. 집은 남들이 몇 채씩 갖고 노는 아파트가 아닌 보잘것없는 단층 단독주택인 데다가, 낡은 블록집으로 18평 정도밖에 안 되니 아예 내놓고 말할 거리가 아니다.

재물하고는 연이 닿지 않는지라 적금 통장은 한 달 넘게 가져

본 적이 없고, 예금통장이라고 하나 갖고 있다는 것이 고작 알량한 자립예탁금 통장뿐이다. 듣기 좋게 부르는 자립예탁금이지 사실은 마이너스 부채통장이다. 재물이 없거나 적다면 키라도 좀 컸으면 좋겠는데 그마저 165㎝ 안팎이니 딱한 노릇이다. 늘려볼까 키워볼까 하고 아무리 애써도 많아지고 커지기는커녕 줄어들기만 하니 안타깝다.

팔자소관이라고 자위해 본다. 그래 팔자소관이다. 사주팔자에 이렇게 살라고 나와 있다니 이렇게 살 수밖에는, 방정맞게 무슨 축구장만 한 아파트를 탐하며 무슨 돈이 있다고 주식에 투자하는 남들을 부러워하느냐. 없는 것, 있어도 작은 것, 적은 것에 만족하기로 하자. 그 속에 더 많은 행복이 있는 것으로 자위해 보자. 사주팔자를 거슬리려 하면 운명의 신이 노할지도 모르는 일, 몇 안 되는 그 작은 것마저 빼앗아 가면 어쩔 것이며, 늘리고 불릴 재주도 없는 주제에 그나마 빼앗기면 어찌하나. 그러니 불쌍하다고 신세타령 하지 말고 작은 것에서부터 행복을 찾아보기로 하자.

작은 집이라도 꽤 널찍한 거실 하나에 방 두 개에 수세식 화장실까지 갖추었으니 나에게는 제법 고대광실이요, 황희정승의 비 새는 초가 움막보다야 수십 배 더 낫지 아니하냐. 아내와 내가 두 발 쭉 뻗고 누워도 남음이 있는 방이 두 개나 되니 둘이 살기엔 오히려 너무 넓어 보인다. 이쯤 되면 부러울 것도 없다. 자립예탁금이라고 하나 있는 통장의 잔액이 마이너스 수백만 원에서 시계추처럼 왔다 갔다 하는 것이 안타깝긴 해도 한 달에 한 번쯤은 플러스 되는 날이 있으니 없는 것보다야 낫지 아니하냐.

없을뿐더러 있는 것이라곤 작고 보잘것없는 것들뿐이니, 도선생에게 들킬까 봐 꽁꽁 감추려 금고 살 걱정 없으니 좋고, 문 잠글 필요가 없어 자물쇠 마련할 걱정 덜어주어 좋고, 주식인지 펀드인지 전혀 모를뿐더러 알았다 하더라도 없어서 투자하지 아니하였을 것이니 시세 떨어질까 봐 밤잠 설치며 가슴 졸일 일이 없어서 건강에도 좋다.

또 하나, 작지만 너무 좋아하는 것, 행복을 안겨주는 것은 우리 집에 딸린 조그마한 정원이다. 폭 4m, 길이가 10m 남짓하니 40㎡, 스무 평도 안 되는 자그만 뜰 공간이다. 너무 작아 정원이라고 부르기가 쑥스럽지만 그래도 나는 굳이 정원이라 부르고 싶다. 누가 집이 어디냐고 물으면 어디 어디 옆에 정원 있는 빨간 지붕 집이라고 힘주어 말한다. 조경수 몇 그루 심어 있고, 철 따라 피고 지는 꽃이 한둘이 아니니, 작지만 어찌 정원이라 아니 부르랴.

주목, 라일락, 진달래, 철쭉, 해당화, 단풍, 영산홍, 소나무, 향나무 등 수목 종류도 다양하다. 옥잠화, 물망초, 들국화, 할미꽃, 참나리, 작약, 꽃잔디, 봉선화, 채송화 등 귀여운 화초 야생화들이 그런대로 듬뿍하다.

이 집을 사서 이사 온 지도 30년이 넘었고, 이사 오면서부터 한두 그루씩 얻거나 사다 심으면서 일궜으니, 연륜도 꽤 오래되었다. 그 연륜만큼이나 애달픈 사연도 많다. 아버지는 늘 나무라셨다. 변변한 밭뙈기 하나 없는 형편에 고추나 상추 몇 포기 심어 반찬 걱정이나

덜 일이지 나무 심는 쓸데없는 짓만 한다고 욕깨나 얻어먹었다. 심지어 정성스레 물주고 심은 묘목을 고래고래 소리 지르며 뽑아버리고는 그 자리에 파 씨를 뿌리기도 하셨다. 아내도 내 편은 아니었다. 한 푼이 아쉬운 빠듯한 살림에 타오는 봉급이 얼마나 된다고 꽃나무 사는 데다 투자하느냐며 토라지기를 밥 먹듯이 하곤 했었다. 물 한 번 뿌려 주지도 않으면서….

이런저런 애달픈 이야기들을 고이 간직하고 30년 넘게 함께 살아온 이 조그마한 정원. 나는 이 정원을 진정으로 아끼고 사랑한다. 나의 연인이나 진배없다. 나는 이 연인을 어쩌면 아내보다 더 좋아하는지도 모른다. 아내는 화도 내고 때론 쓸모없는 재잘거림으로 미워질 때가 있지만, 나의 정원, 이 연인은 언제나 말이 없고 불평도 없다. 노하는 일도 없고 욕심도 없다. 그러면서도 제 몫을 묵묵히 해낸다. 단 한 번도 꽃 피우는 약속을 어긴 적이 없다. 그러니 아무리 미워하려 해도 미워할 수가 없다. 속살을 에는 강추위와 폭설이 나신을 뒤덮어 괴롭히는 혹한 삭풍도 아랑곳하지 않는다. 봄이 오리라는 것을 알기 때문이다. 그 차디찬 긴 겨울밤에도 싹 틔울 준비를 묵묵히 해낼 뿐이다.

봄이다. 나무 가지가지마다 갓난아기 솜털 같은 보송보송한 이파리를 내민다. 꽃망울을 불꽃처럼 쏘아 올려 터뜨린다. 벌과 나비가 그 고운 나래를 파르르 떨며 날아든다. 짝 찾는 참새 울음소리가 연인의 속삭임처럼 귓전을 맴돈다. 가을이다. 이 무슨 조화인가. 싱싱하고 푸르던 잎사귀들이 다홍치마 갈아입고, 풍만한 열매는 고개를 숙인다. 그리고 첫눈이 소리 없이 오는 날 살포시 벗어버리고 발가벗는다.

그것들은 매년 이 오묘한 자연의 섭리를 어김없이 보여준다. 굳이 들로 산으로 바다로 갈 필요가 없다. 산야와 그 산야의 식구들이 펼치는 장엄한 대자연의 앙상블을 나는 현관문만 열면 매년 매달 매일 언제든 볼 수가 있으니 이보다 더한 기쁨이 어디 또 있을까.

이 연인의 젖가슴에 안겨 하루를 시작하고 한 해를 시작하고 마감한다. 봄의 희망을, 여름의 찬란함을, 가을의 풍요와 애잔함을, 겨울의 채비를 여기서 얻고 배운다. 광풍 노도가 순간이고 영롱한 무지개 또한 순간이라는 것을 연인은 일깨워 준다. 어떤 크고 많은 것이 이 작은 연인만 하랴.

억만금을 준다 해도 바꾸지 아니할 이 소중한 가치를, 진시황이 욕심냈다는 불로초보다 더 소중한 이 보배를, 나는 잃고 싶지 않다. 작고 적은 것도 큰 기쁨이요 아름다운 가치라는 것을 깨닫게 해준 이 연인과 영원히 함께하고 싶다. 때때로 삶이 눈물짓게 하더라도 나는 결코 연인 곁을 떠나지 않으리라. 물주고, 김매고, 잔가지 치면서 꼭 껴안고 함께 살아가리라. ❡

(2010. 5. 한국수필)

❡ 동행

늘 즐겨 거니는 산책길은 집에서 얼마 떨어지지 않은 제방길이다. 평창교에서 삼방산 자락 '둥근산' 밑까지 이어진 길인데, 천천히 걸으면 왕복 한 시간 정도다. 바깥쪽으론 계방산, 흥정산에서 따로 떠나 백옥포에서 만난 평창강물이 유유히 흐른다. 안쪽으론 평창에서 가장 넓은 종부들이 새색시처럼 아리따운 몸매를 자랑하며 벼, 감자, 옥수수, 고추 등 철 따라 자라는 갖가지 농작물에 풍만한 젖가슴을 물리고 있다.

이른 새벽 산책길은 언제나 고요하다. 풀잎 이슬은 채 잠에서 깨어나지 않았고, 서너 번 홰 울린 수탉도 잠을 설쳤는지라, 눈을 껌벅이며 졸기만 한다. 길 따라 완만히 굽이쳐 흐르는 강물은 밤새 쉬지 않고 너무 달려서인지 숨을 돌리고 있다. 밤새 요란하던 개구리 목청도, 풀벌레 애절한 울음소리도 가라앉았다. 멍청한 개, 그믐달 보고 짓는 한숨 소리만 이따금 들릴 뿐이다.

이 고요한 새벽 산책길이 좋다. 얼리버드, 아침형 인간이라야 피나는 생존경쟁에서 살아남아 성공할 수 있다 하여 억지로 좋아하는 것이 아니다. 출세도 했다면 했고 더구나 앞으론 더 할 일 없어졌으니 굳이 성공하려고 아득바득 얼리버드에 매달릴 필요가 없는 처지다. 고요해서 좋고 고요함이 생각할 여유를 주니 더욱 좋다. 기분이 상쾌해져 아침밥 잘 먹혀 건강이 저절로 따라주니, 보약 따로 먹을 걱정 없다. 얼마나 좋으냐.

이래서 나는 틈나는 대로 새벽 산책길을 나선다. 다섯 시 모닝콜을 휴대전화로 설정해 놓긴 하지만, 벨이 깨우기 전에 먼저 눈 뜨는 날이 더 많다. 일어나면 먼저 거실 창문을 활짝 열어젖힌다. 온갖 오염물질이 싹 가셔 상큼해진 새벽공기를 흠뻑 들이마신다. 냉장고 문 열고 얼음냉수 한 잔 쭉 들이켠다. 오장육부가 다 시원해진다.

새벽에 이 산책길을 걷는 사람들은 그리 많지 않다. 다들 게을러서일까. 아니다. 워낙 사람이 적게 사는 한적한 시골 읍이라 그럴 것이다. 산책길에서 늘 만나는 단골손님은 대체로 정해져 있다. 모교 선배인 K, L, P형, 철물점 사장 S씨, ○○아줌마 등이다. 모두 잘 아는 분들이다. 이 중에서 K형이 제일 반가워한다. 다른 분들은 그냥 눈웃음과 묵례로 지나치지만, K형은 언제 만나도 꼭 말을 건네려 한다. 들어봐야 잘 지내느냐, 요즘도 소주잔 자주 기울이느냐는 등의 자질구레한 잡담 몇 마디다. 간혹 손목을 잡거나 등을 두드려 주기도 한다. 이러한 K형의 자상함이 사색의 흥을 깨뜨릴 때도 있어 달갑진 않지만 그래도 싫지만은 않다.

이 길에서 잘 모르는 노부부를 만나게 된 것은 작년 늦가을이다. 늘 하는 습관대로 새벽에 산책길을 나섰는데 얼마쯤 가다 보니 앞서 느릿느릿 걷는 두 사람이 보였다. 단골손님들은 자주 만나는 데다가 오래전부터 잘 아는 사이라 걸음걸이 뒷모습만 보아도 아 누구로구나 알아차릴 수 있었는데, 누군지 모르는 사람이었다. 잰걸음으로 얼른 다가가 보니 처음 보는 노부부였다. 언뜻 보기에 망구(望九)를 바라보는 연세쯤 되었을까, 할머니보다는 할아버지 건강이 좀 안 좋아 보였다. 노부부는 손을 꼭 잡고 껴안다시피 어깨를 맞대고 걷고 있었다.

그날 이후 산책길을 나설 때마다 이 노부부를 자주 만나게 되었다. 언제나 같은 모습이었다. 허름한 모자를 눌러쓴 할아버지가 할머니와 떨어져 앞서거나 뒤처져 걷는 적은 한 번도 못 보았고 언제나 할머니의 손을 꼭 잡고 걸으면서 소곤소곤 이야기를 나누는 것이었다.

부부가 함께 가는 모습을 보고 느낀 일이지만 중년 이상의 부부들은 대체로 떨어져서 걷는 게 상례다. 남편은 앞서고 아내는 뒤처져 있다. 남편은 빈손인데 아내는 무엇인가를 꼭 들고 있다. 나도 그랬다. 철부지에 장가들어 지금까지 30년 넘게 아내와 같이 살아오면서도 둘이 오붓하게 걸어본 적이 별로 없었거니와, 손잡고 걸어본 기억은 손꼽아 셀 정도밖에 되지 않는다.

늘 그랬다. 산책하든, 장 보러 같이 가든, 사람들이 많은 데서건, 없는 데서건, 나는 아내와 어깨를 맞대고 걷지 않으려 했다.

손을 잡고 걷는 것은 더더욱 피하려 했다. 누가 보면 어쩌나, 보면 창피해서 어쩌나 하는 부끄럼 같은 것이 늘 앞섰다. "여보 같이 가, 우리 손 잡고 걸을까." 아내가 간청하면, 마지못해 몇 걸음 느슨하게 손 잡고 걷다가는 이내 손을 놓아버리곤 했다.

산책길에서 만나는 이 노부부도 그랬을까. 아마 나처럼 그랬을지도 모른다. 평생 그렇게 아내와 떨어져 걸어온 삶이 후회스러워서 그 한을 풀려고 매일 손잡고 새벽 산책길을 나서는 것은 아닐까. 자책과 함께 자위해 본다. 곰곰이 생각해 보니 잘못을 해도 너무 많이 했다 싶다. 아내가 얼마나 서운해했을까. 늦잠이 많은 편이지만 새벽 산책길을 마다하는 아내의 심정을 이제야 헤아릴 수 있겠다. 손 안 잡아 주는 남편 따라가 보아야 다정한 말 한마디 안 건네줄 터이고, 저만치 앞서갈 것이 뻔해 그랬을 것이다.

혼자 걷는 산책길, 아무리 좋아도 이젠 접기로 하자. 아내에게 말할 것이다. "여보, 같이 가자. 손잡아 줄게." 또 싫다고 해도 혼자는 안 가리라. 아내가 같이 나설 때까지 기다려 보기로 하자. 노부부가 가야 할 길이 바로 우리 내외의 길이기 때문이다. ❡

(2010. 5. 한국수필)

❡ 백수(白手) 일정

얼마 전까지만 해도 내 일상은 늘 바빴다. 일터가 있었고 일터엔 여러 가지 일들이 많았기 때문이다. 그 일터, 그 일, 매력 있었지만, 어찌 보면 삶의 노예였다. 시간표 없는 어쭙잖은 이런 생활의 복습이었다.

새벽 5시경 일어난다. 산책한다. 면도하고 세수한다. 양복을 입으려는데 구김살투성이다. 넥타이도 마땅치 않다. 애꿎은 아내를 나무란다. 아내가 울려고 한다. 참아야지. 벌써 시곗바늘은 구두 신을 시간이다. 이런 젠장 구두도 엉망이다. 어젯밤 눈치 없는 손님이 따라왔던가 보다. 알면서 한마디 내뱉는다. '신발 어디 있어.' 부메랑이다. 아낸들 속 편할 리 없다. 번개가 번쩍하더니 천둥소리가 고막을 날린다. 숨죽이는 도리밖에 없다. 그래도 눈물방울 맺힌 아내는 찌개를 부글부글 끓여 소반에 올려놓는다. 염치없지만 먹는 시늉을 한다. 그런 아내 "여보, 무리하지 말고…. 제발 조금 마시고 일찍 와." 애원한다.

그래 오늘은, 정말 오늘은 일찍 오리라 다짐하고 나가면 그만일 수밖에 없는 온갖 일들이 밀려들었다. 피할 수 없었고 어찌 보면 찾아다녔는지도 모를 일들. 전화, 회의, 오전 손님들, 점심, 출장, 오후 손님들, 저녁 회식, 2차 술자리. 의미 있고도 없는 알쏭달쏭한 '위하여' 건배를 한 자리에서 한두 번 이상, 때로는 수없이 한다. 녹초가 되다시피 하여 겨우 집에 돌아와 걸레가 된 구두를 벗는다. 나도 짜증 나고 아내도 짜증 났지만, 내일이면 또 그 전쟁터를 나갈 수밖에 없었다. 내 자유의 시간은 없었다. 불쌍한 존재로 살아왔다.

이렇게 살아온 35년여 세월을 마감하고 어느 날 나는 자유의 몸이 되었다. 누군가 말했듯이 그 무엇에도, 그 어떤 필요에도, 그 어떤 우연에도 예속되지 않고 운명을 멀리할 수 있는 것이 자유다. 이러한 자유의 몸이 되었으니 얼마나 홀가분하고 즐겁겠냐. 하지만 그리 즐겁지도 홀가분하지도 않다. 자유의 몸이지만 백수나 다름없는 처지로 전락한 것이니 처량하다. 가엾기도 하다.

백수(白手). 본뜻은 맨손, 즉 아무것도 끼거나 감지 않은 손을 의미하나 백수건달(白手乾達)의 준말이기도 하다. 가진 것이라곤 아무것도 없이, 하는 일 없이 빈둥빈둥 노는 사람을 일컫는 말이다. 근래엔 청년실업자를 포함하여 직업이 없는 사람을 백수(白手)라고도 한다. 그 의미가 그리 썩 좋은 편은 아니다. 그 뜻하는 진정한 의미가 어떻든 내 처지가 백수가 된 것임은 틀림없다. 가진 것이 아무것도 없는 것이 그러하거니와 딱히 하는 일이 없으니 그러하다.

남들이 은퇴자라 불러주면 좋겠지만 그런 고상한 말은 그리 달갑지 않다. 은퇴자란 잘난 국회의원이나 장관이나 지사, 군수, 은행장, 회장, 사장 등 고관대작들에게나 어울리는 말이지 나 같은 미관말직엔 언감생심 꿈도 꾸어서는 안 될 말이다. 하긴 백수라 한들 어떠며 은퇴자라 한들 어떠냐. 무엇이라 불리든, 나 이젠 자유의 몸 백수다. 자유의 몸이 된 백수, 우습게도 백수로만 살고 싶지 않은 욕심이 생긴다.

칸트는 「영구평화론」에서 "신은 인간을 자유롭게 창조했다. 인간은 그 자신의 힘을 현명하게 사용하는 방법을 배우기 위해 자유롭지 않으면 안 된다."고 말했다. 그 진정한 뜻이 무엇인지 헤아릴 길 없지만 자유롭게 된 나 자신의 힘을 현명하게 사용하고 싶어진다.

그래야 하는데 정말 할 일이 없고 할 일을 찾을 수도 없다. 시도 때도 없이 울어대던 휴대전화는 벙어리가 되려는지 고요하기만 하다. 그러니 약속 잡을 일도 만나야 할 사람도 없다. 골똘히 생각해 봐도 내가 먼저 찾아야 할 사람들도 마땅찮다.

아, 가련한 백수여. 그렇다고 낙담하지는 말자. 궁즉통(窮卽通)이라 하지 않더냐. "궁(窮)하면 변(變)하고, 변하면 통(通)하고, 통하면 오래간다."라는 뜻으로, 변하기 위해서는 먼저 궁해야 한다는 전제가 필요하다는 얘기다. 궁하다는 것은 곤궁(困窮)하다는 것이 아니라 궁구(窮究)하다는 뜻으로 "온 힘과 마음을 모두 들이다."는 의미를 지니고 있다.

그래 내 비록 백수이지만 자유의 몸이다. 어느 것에, 누구에게도 얽매이지 않고 무엇이든 마음대로 할 수 있는 몸이다. 이 얼마나 바라던 바냐. 마음껏 즐겨 보자. 그렇더라도 그 자유를 지나치게 절도 없이 즐기면 아니 되겠지. 지켜낼지 모르겠지만, 일정표는 있는 게 좋을 듯싶다. 일할 때는 몹시 바빠 제대로 한 번 짜보지 못했던 일정표다. 지금은 바쁘지 않으니 짜 보기로 했다. 막상 짜 보려니 앞뒤가 꽉 막힌다. 먹고 쉬고 잠자는 일이 전부일 뿐인 백수인데 그럴 수밖에 없다. 허망하다.

백수 일정표, 하루 일정이다. 굳이 새벽부터 서둘 일은 없지만 일할 때와 마찬가지로 일찍 일어나는 것만큼은 바꾸지 말자. 5시 기상이다. 그다음엔 건강은 평생토록 챙겨야 하니 산책하러 나가야겠지. 1시간쯤 잡자. 산책을 마치곤 아침 먹을 때까지 진정한 자유시간이다. 앞으론 아내 나무랄 일이 없다. 그런데 무얼 하겠다고 일정표에 넣을지 난감하다. 그냥 자유시간이라고 해두자. 아침은 좀 늦게 먹기로 하자. 8시에서 9시까지다.

그다음부터 점심때까진. 출근하여 일할 시간인데 출근할 곳이 없으니 어쩌면 좋으냐. 아니 있긴 하다. 내 집이 유일한 그곳이다. 10시까지는 아내 일 돕기 시간으로 정하면 어떨까. 설거지는 안 내키지만, 이따금 해보기로 하자. 청소기도 한번 돌려보자. 마당 청소는 당연히 내가 해야지. 그래도 시간이 남으면 잠을 자야 하나. 아니다. 잠은 오후에 낮잠을 즐기기로 하고 책을 보아야지. 그래 종이 대하는 게 지겹긴 하지만 독서시간을 한 시간 정도 11시부터 12시까지

잡기로 하자. 점심은 굳이 시간 지킬 필요가 없지만 해오던 대로 12시부터 1시까지다. 아내와 단둘이 할 수밖에 없는 점심이다.

점심 먹고 저녁때까진. 참 답답할 노릇이다. 저녁 먹을 시간까지 무려 다섯 시간이나 남아 있는데 대체 무엇을 한다고 짜야 한단 말이냐. 텃밭이라도 있으면 얼마나 좋으랴. 남들은 다 한두 가지씩 할 줄 아는 잡기 하나 변변히 아는 게 있으면 또 얼마나 좋으랴만. 바둑, 장기, 당구, 낚시, 고스톱 등 어느 것 하나 제대로 즐길 줄 모르니 그 많은 시간 보낼 거리가 없다. 그냥 자유시간이라고 해두자니 그렇고. 그래, 시간은 넉넉하니 점심 먹고 한두 시간 정도는 낮잠 시간으로 하자. 낮잠이 건강에 좋다고 하더라. 그리고 나머지 세 시간은 그야말로 자유시간이다. 얽매여 산 세월이 그리도 오래였는데 시, 분을 다투어 무엇을 하겠다고 또 정하여 거기 구속됨은 좀 억울한 듯싶다. 이 자유시간에는 TV 영화도 보고, 책도 읽고, 정원의 잡초 뽑는 그런 시간으로 갖기로 하자.

저녁은 굳이 몇 시에 먹겠다고 딱 못 박아둘 필요가 없겠지. 오후 7시경으로 해두자. 저녁 이후가 문제다. 바로 잠자리에 들 수도 없는 일. 예전 같으면 이 사람 저 사람 만나 먹고 마시는 낙으로 시간 가는 줄 모를 땐데. 백수라 찾는 벗도 찾아갈 벗도 없으니 어쩌나. 에라, 모르겠다. 일찍 자고 일찍 일어나는 것이 건강에 좋다 하니 일찍 9시경 잠자리에 드는 것으로 짜고 그 이전까진 또 자유시간이다. TV 연속극에 재미를 붙여보자. 아침에 못다 읽은 책을 마저 읽어야겠지. 그리고 아내 팔다리 어깨를 마사지해주자.

대충 이렇게 일정을 짜보기로 했지만 우습다. 허전하기 짝이 없다. 안 짜느니보다 못하다. 주간이나 한 달 일정, 연간 일정까지 생각해 보려다 접었다. 주제넘게 백수가 무슨 일정표를 챙기려 하느냐. 대충대충 그저 그렇게 사는 거지. 내 이런 모습 지켜보던 아내가 피식 웃는다.

가련한 백수여, 9시 잠잘 시간이다. 잠자기 전에 아내 어깨나 주물러 주어야겠다. ❡

(2010. 12. 하서문학)

❡ 만남

입추와 백로 사이에 열네 번째 드는 절기인 처서(處暑)가 지났다. 처서는 '땅에서는 귀뚜라미가 등에 업혀 오고 하늘에서는 뭉게구름 타고 온다', '모기도 입이 비뚤어진다'라는 말과 같이 여름이 가고 가을이 오는 계절임을 알리는 절기다. 오고 가고, 만남과 헤어짐이 절실한 아픔임을 느끼게 하는 계절이다. 어서 가을바람이 불고 눈송이가 펄럭여야 하는데 여전히 더위가 기승을 부린다. 철 잊은 빗물이 장맛비처럼 한 주일 내내 오락가락한다. 세상이 하도 어수선해서인가, 절기도 오고 감을 잊어버린 듯하다.

이렇게 심란해하던 어느 날 나는 그녀를 만났다. 수원에 있는 한 결혼식장에서 동창 아들 결혼식이 있는 날이었다. 눈치 없는 비는 그날도 내렸다. 눈이 오면 더 좋으련만, 혼주도 내쫓지 못하는 늦장마를 하객인들 어찌하랴. 비를 벗 삼아 그 자리에서 오랜만에 만난 고마운 친구들 모습이 왠지 가련해 보였다. 너나없이 숨기려 했지만 아무리 감추려 해도 희끗희끗한 머리칼에 애써 웃음 짓는 얼굴에는 주름살이 도드라져 보였다. 악수하며 나누는 인사 마디마디엔 일거리 없는 처지가 된 서러움이 배어있었다. 철 잊은 빗줄기는 이런 처연한 심정을 아는지 모르는지 주룩주룩 그칠 줄 몰랐다.

이런저런 상념에 젖어 있을 때 한 여인이 들어섰다. 한동안 두리번거리더니 우리에게 다가와 함빡 웃으며 악수를 청하는 게 아닌가. 연분홍색 투피스를 단아하게 차려입은 여인이었다. 작달막하고 좀 뚱뚱해 보였지만 그리 보기 싫지 않은 초로의 여인이었다. 엉겁결에 그 여인이 건네는 인사를 서로 주고받기는 하였지만 나도 친구들도 처음엔 누군지 몰랐다. 한 친구가 그녀를 알아보고 여자 동창 누구라고 귀띔하는 말을 듣고서야 알아볼 수 있었다.

우리 동창들은 39년 전인 71년도에 고등학교를 졸업했다. 다른 기는 대부분 동창 모임을 남녀가 같이하는데 우리 기는 남자들만 모여 한다. 그런 연고로 졸업 후 여자 동창생들과는 서로 만날 기회가 거의 없었다. 특별하게도 그녀와는 아주 오래전 회갑인지 결혼식인지 어느 지인의 가족 행사가 있던 날 잠깐 만난 적이 있다. 하지만 그때가 언제인지 기억이 가물가물하다.

여자 동창생과의 30여 년 만의 만남. 아! 그 여인, 내 가슴에 잊지 못할 사연을 새겨준 그 여인 J였다. 그녀와의 만남은 뜻밖이었지만 반갑고 감회가 깊었다. 소녀와 처음 마주 앉은 소년 같이 얼굴이 화끈거리며 가슴이 두근거림을 숨길 수 없었다. 왜 그랬을까. 헤어져 살아왔던 세월이 참으로 오래여서일까. 그래서만은 아니었다. 차마 내색할 수 없는 겨울밤의 추억이 떠올라 부끄러워졌기 때문이었다. 돌이켜 다시 할 수 없는 학창 시절의 주옥같은 단편들이 마음을 설레게 해서였다. 환갑을 한 치 앞둔 나이에 이런 소녀 같은 감상에 젖다니 우습다 싶어 지우려 해도 모락모락 피어오르는 추억의 연기를 어찌할 도리가 없었다. 피로연장에 가서도 귀가하는 비좁은 봉고차 안에서도 내내 그 겨울밤의 애달픔과 그녀와 함께하는 이루지 못한 삶에 대한 환상이 맴돌았다.

그러면서 나와 그녀와의 사연들을 아는지 모르는지 너무도 많이 흘러버린 세월이 아쉽고 슬퍼졌다. 그녀에게도 감출 수 없는 삶의 생채기가 여기저기 드러나 보였다. 보슬비 도란도란 내리는 날이면 가장 만나고 싶었던 여인, 소슬한 가을날 인적 드문 오솔길 낙엽 밟으며 손잡고 말없이 걷고 싶었던 여인, 함박눈 내리는 겨울밤에 쓸쓸하게 발걸음 돌리게 했던 야속한 여인. 세월은 나도 그녀도 모두 비켜 가지 않았다. 돌이킬 수 없는 일, 어쩌면 좋으냐. 이젠 손자 손녀를 두서넛 둔 할아버지 할머니인 것을 새삼 깨달을 수 있어 서글펐다. 그렇지만 한편으론 학창 시절 어느 눈 내리던 날 밤 고이 간직했던 추억을 되살려 주어 기쁘기도 했다.

중학교 3학년 때 일이니 40년이 훨씬 넘었지만 잊을 수 없는 옛이야기다. 평창 읍내보다 훨씬 작은 시골 대화중학교에 다니다 3학년 초에 평창중학교로 전학 온 나는 모든 게 낯설고 외롭기만 했다. 타고난 성격이 워낙 내성적이라 친구들과 쉽사리 친해지지 못해 항상 외톨이로 지냈다. 촌 학교 출신이라 하여 업신여김을 수없이 당했다. 덩치 큰 친구한테 매 맞기도 하였다. 그런 나와 한 반 친구였던 J양, 그녀는 땅딸막한 체구에 그리 곱상한 얼굴은 아니었지만, 성격은 활달했다. 부반장을 맡았는데 웅변선수였다. 글도 잘 쓰고 누구보다 언변이 좋았다. 그런 그녀는 모든 남녀 학생들의 리더였다. 선망의 대상이었다. 수줍음 잘 타고 굴러온 돌, 외톨이 신세인 나 같은 촌놈은 감히 넘볼 수 없는 우상이었다. 그녀 또한 나 같은 존재는 거들떠보지도 아니했다. 나날이 외로움뿐이었던 어느 날 내게 야릇한 감정이 움트기 시작했다. 교실에서나 집에서나 그녀 생각이 머리를 떠나지 않는 것이었다. 연정이었다. 하지만 말 한마디 건네 볼 엄두가 나지 않았다. 그저 '나를 알아주겠지.' 하는 막연한 기대로 하루하루를 애타게 보낼 뿐이었다. 어느 날 남자 친구 누군가가 그녀를 좋아한다는 소문이 들렸다. 그녀 자취방에서 몇 번인가 만나는 걸 보았다고 수군거렸다. 미칠 지경이었지만 주변머리 없는 나는 속으로 끙끙 앓기만 했다. 따로 호젓한 곳에서 만나 이 애타는 마음을 전하여야 하는데 그 길을 도저히 찾지 못하고 있었다.

그렇게 홀로 애태우던 초겨울 밤이었다. 초저녁부터 눈이 보슬보슬 내리더니 늦은 밤 지나도록 그칠 줄 몰랐다. 누웠다 일어났다 아무리 용을 써도 잠은 안 오고 누가 그녀를 좋아한다는 주워들은 소문만 빙빙 머릿속을 맴돌았다. 자정 무렵 자리를 박차고 일어나 어디로 가야겠다는 작정도 없이 길을 나섰다. 그새 내린 눈이 쌓여 정강이까지 차올랐다. 눈이 펑펑 쏟아지고 매서운 눈바람은 두 뺨을 할퀴는데 홀로 걷는 눈길이 눈물겹도록 외로웠다. 갈 곳 없는 인적 끊긴 이 밤길 어디로 가야 하나. 하염없이 걷다 보니 나도 모르게 그녀 자취방 근방에 와 있었다. 한 십여 보 걸음만 옮기면 되는 아주 가까운 거리에 그녀가 묵고 있는 자취방이 보였다. 더 다가가고 싶은데, 가서 만나보고 좋아한다고는 차마 말 못 해도 얼굴이라도 한번 보고 싶은데 발걸음이 떨어지지 않았다. 자정이 넘은 시간이다. 아무리 절친한 친구 사이라 하더라도 약속도 없이 불쑥 찾아온 남학생을 반길 리는 만무하다. 더구나 그녀는 내게 다정한 눈길 한번, 따뜻한 말 한마디 건네준 적이 없지 아니하냐. 혼자 속병 앓았을 뿐인데 가련한 내 처지를 헤아려 주길 바라다니. 욕바가지나 뺨 한 대 얻어맞지 않으면 다행이겠지. 별별 생각이 다 들면서 더 두려워지기만 했다.

그래 어쩔 것이냐. 갈 것이냐 말 것이냐. 그녀 자취방 아기 손만도 못한 창틈으로 새어 나오는 희뿌연 불빛이 보인다. 아직 잠들지 않은 듯싶다. 어쩌면 그녀도 고독에 겨워 누군가를 기다리고 있을지도 모른다. 불빛 보이는 창가로 다가갔다. 누가 볼까 들을까 한 걸음 두 걸음 숨죽이며 다가가 동정을 살폈다. 아, 슬픈 일이여. 창틈으로 새어 귓전을 울리는 굵직한 웬 남자의 목소리. 잘못 들은 것일까. 귀를 쫑긋 세워 다시 들어보았다. 틀림없는 남자의 목소리였다. 대체 누구란 말인가. 방문을 걷어차 열어젖히고 소리 지를 배짱은 없었다. 뒷걸음쳐 돌아올 수밖에 다른 도리가 없었다. 눈발은 더 거세어지고 눈보라까지 일었다.

그 밤 그 일은 고등학교 졸업 후 지금까지도 두고두고 내 혼자만의 비밀로 간직하여 왔다. 친구들은 물론 그녀에게도 아내에게도 말하지 않았다. 고백할 순간을 가졌더라면 얼마나 좋았으련만 졸업하자마자 그녀 결혼하기 전에 내가 먼저 아내를 맞아들였다. 얼마 후 농협 직원인 좀 나이 많은 선배에게 시집간다는 소식이 날아들었다. 돌이켜 보니 처음이자 마지막인 첫사랑이었고 짝사랑이었다. 서로 다른 길을 달려온 짝사랑 여인과 30여 년 만의 만남의 순간, 수줍음 잘 타는 나는 애써 그녀를 외면했다. 그녀도 내게 특별한 관심을 표하지 않았다. '사랑은 아무것도 겁내지 않는다. 까딱하면 사신(死神)이라는 천하무적의 강자한테로 달려가 그것을 자기편으로 할 용의가 있다'라고 하는데 그때나 지금이나 왜 나는 그리도 소심한 것일까. 돌아오는 길, 눈송이는 안 보이고 눈물인 양 빗방울만 차창에 맺혔다 떨어지곤 했다. ¶

(2010. 12. 하서문학)

❡ 빈터의 임자

우리는 늘 땅과 얼굴을 맞대며 살아간다. 집이 이것에 기둥을 박고 자리하며, 발걸음은 언제나 이것을 짚고 다닌다. 우리뿐만 아니라 나무도, 풀도 뭇짐승도, 곤충도, 이것 없이는 살아가지 못한다. 사람은, 이 땅을 여러 가지 형태와 크기로 쪼개고, 그 각 필지를 지목으로 구분하여 고유번호로 이름을 붙여놓았다. '○○번지 대지 ○○㎡', 이것이 바로 땅의 이름이다. 이를 분별하는 법규상 지목은 전, 답, 대지, 임야 등 스물여덟 가지나 된다. 국토해양부 홈페이지 2007년도 통계자료를 보면 우리나라 등록된 토지는 총 3천 7백만여 필지다.

이렇게 수많은 필지 속에서 빈터도 땅으로 엄연하게 행세하며 한 자리를 톡톡하게 차지하고 있다. 빈터가 그 본이름은 아니다. 지금 겉보기 행색이 구차해 보여서 그렇지 본디부터 비어 있지 않았고, 채워짐에 따라 '대지', '전', '답', '임야' 등 불리는 이름이 있었다. '잡종지'라 불리기도 했지만, 그 또한 당당한 이름이다. 임자를 제대로 못 만나 그렇지 한때는 맡은 몫을 단단히 해냈다. 지금은 물론 앞으로도 언제나 제값을 할 수 있는 땅들이 바로 빈터다. 지금 형상만 보고 이름조차 없는 못난이라고 깔볼 일이 아니다. 다만 그 임자가 변변치 못하여 화장을 제대로 해주지 않아 그리 보일 뿐이니 너그럽게 대해 주어야 한다. 핍박하지 말아야 한다.

빈터의 사전적 의미는 '집이나 밭 따위가 없는 비어 있는 땅'을 말한다. 우리 주변에서 쉽사리 찾아볼 수 있다. 마당 한구석, 도로변, 강변, 산기슭, 시골 마을, 도심 한복판, 골목길, 다리 밑 등 발길 닿는 곳이면 어느 곳에나 다 있고 그 태생의 원류도 다양하다. 내 몸 한구석에도 마음의 빈터가 자리 잡고 있다.

그 속이 텅 비어 버려진 임자 없어 보이는 빈터, 그를 만날 때마다 궁금한 점이 많이 떠오른다. '○○번지라는 이름표는 달고 있겠지. 아니야, 어쩌면 이름조차 없을지 몰라. 임자는 있을까. 없을 것 같아. 있다면 저리 버려둘 리가 없지. 그래, 분명 임자가 있어. 사정이 있어 잠시 비워 두었을 테지 뭐. 아니야, 정말 임자가 없는 땅일지도 몰라.' 이런저런 생각을 하면서 임자 없는 땅이라면 내가 임자라고 나서 볼까 하는 망상을 떠올려 볼 때도 있다. 그러면서 그 임자에 대해 또 다른 생각을 하게 한다.

어떤 물건을 가졌다고 모두 그것의 임자가 되지는 않는다. 갖고도 제값을 못 하는 사람은 임자 될 자격이 없다. 땅은 채워가면서 가꾸라고 있다. 빈터인 땅은 제 몸 스스로 가꾸지 못하는 미물이다. 비워 둘 수밖에 없는 연유가 어떻든 그를 채우지 못한 책임은 그 임자가 져야 한다.

명색이 논이라면 당연히 벼가 자라도록 해야 하고 밭이라면 들깨라도 심겨 있어야 할 것이 아닌가. 아무짝에도 못 쓸 잡종지라 하더라도 들꽃 몇 포기, 나무 몇 그루 왜 가꾸지 못하는가. 고운 모래 깔 형편 못 되어도 돌멩이 하나마저 주워 던져 버리지 못할까. 살짝만 다듬어 주면 울퉁불퉁한 저 모습 대번에 감추어지련만. 꼴 보니 온갖 잡초만 우거져 산발한 처녀 귀신같고, 잡동사니의 공동묘지가 되어버렸으니 그 모습 너무 흉측하다. 하릴없이 혼자 속으로 웅얼거려 본다. 좋은 임자 못 만난 그나 내 신수가 별로 다른 게 없다는 생각이 들어 씁쓰레하다. 한편으론 30년 넘는 내 공직생활 체험의 단편이 떠올라 부끄러워진다.

땅 관리, 즉 국·공유지를 다루는 업무와 씨름을 많이 했다. 비어 있는 재산을 찾고 가꾸는 일이었다. 솔직히 고백하건대 관할지 관내에 방치된 국·공유지 빈터가 수두룩했다는 사실을 숨길 수 없다. 무엇으로든 채워져 제 값어치를 해야 할 그런 땅들이었다. 불가피한 사정으로 비워 두어야 하는 경우가 없진 않았다. 그러나 몰라서, 아니 그보다는 하지 않아서, 하기 싫어서 버려진 빈 재산이 태반이었다. 한 예로 면사무소 창고부지였던 공유재산을 오래도록 활용하지 않다가 국가에 빼앗긴 어처구니없는 일까지 있었다. 그 책임의 일단을 뼈저리게 느낀다. 모두 임자를 잘못 만나 그리 된 것이다. 내 집 안마당 쓰는 정성을 십 분의 일이라도 나누어 보태지 못한 아쉬움이 폐부를 찌른다.

지난해 연말 터진 부천 고가도로 밑 차량 화재사고가 많은 가르침을 준다. 빈터가 임자를 잘못 만나 발생한 전형적인 사건이다. 내 앞가림도 못 한 주제에 남 잘못한 일 탓하기 부끄럽지만, 차량 수십 대가 불타고 화마를 입은 교량 상판을 철거하고 다시 놓아야 한다니 기가 막힐 노릇이 아닌가. 기름 절도범 운전기사가 원인 제공자이긴 하다. 그보다는 관리를 못 한 임자의 책임이 더 크다. 사유지 임자였다면 그 터를 그렇게 내던져두다시피 하였을까. 인천시와 도로공사가 관리책임을 놓고 티격태격한다는데 관리 주체가 누구든지 간에 잘못되어도 한참 잘못된 일이다. 투철한 공인의식으로 소관 재산을 다스리는데 좀 더 주의를 기울였다면 하는 안타까운 마음을 진정시킬 수 없다.

지난 일을 까발려 무엇 하랴. 새해엔 우리 주위의 빈터가 무엇으로든 하나하나 채워지기를 바란다. 모든 임자가 제 역할에 충실하기를 바란다. 내 텃밭같이 알뜰살뜰 동네 빈터를 일구고 가꾸던 고향 마을의 착한 임자들처럼 말이다. 그들은 가꿀 줄 아는 사람들이었다. 미루거나 떠넘기지 않는 사람들이었다. 야속하게도 지금은 저수지에 수몰되어 예전 그 언저리를 찾아볼 수 없지만, 그 사람들과 그 터가 그립다.

앞산과 뒷산이 껴안을 수 있을 만큼 마주 보며 절하는 비좁은 골짜기 사이로 실개천 하나 재잘거리며 흐른다. 워낙 산이 높아 동녘 하늘 늦게 물들고 서녘 노을 너무 일찍 달려온다. 듬성듬성 박혀 있는 초가지붕 굴뚝 연기가 긴 밤을 오히려 더 좋아하던 그곳. 평창군 대화면 신리 속칭 '괴톨'이라는 첩첩 산골, 내 고향 마을. 그 마을 한가운데 동네 빈터가 하나 있었다. 가장자리에 장정 키 서너 배 넘는 돌배 고목 한 그루 늠름하게 자라고, 이끼 낀 돌탑 하나 수호신인 양 의연하게 버티고 서 있는 꽤 널찍한 쉼터였다.

그 자리의 임자는 바로 동네 사람들이었다. 해마다 정월 보름에 돌배나무에 치성을 드리는 일을 시작으로 사시장철 다듬고 어루만지기를 게을리하지 않았다. 시키지 않아도 눈 쌓일 새 없이 서로 먼저 치우고 바랭이 한 포기도 자랄 틈 없이 뽑고 또 뽑았다. 떨어진 돌배나무 낙엽들, 긁어모으되 함부로 태워버리지 않고 그 고목 그루터기에 파묻어 자양분이 되게 했다. 그들은 그 빈터의 참 임자들이었다. 요즘 그런 착한 임자를 만나지 못해 너부러진 것이 어디 한두 가지뿐이더냐.

사람들 마음의 빈터가 늘어만 가고, 채워서 가꿀 줄 아는 참 임자를 찾기가 점점 어려워지는 세태가 초가 굴뚝의 연기처럼 사뿐히 사라지기를 간절히 기도한다. ❡

(2011. 2. 한국수필)

내기 인생

어느새 10월이다. 거실 소파에 앉아 벽에 걸린 달력을 멀거니 바라본다. 열두 장이 달랑 석 장밖에 남지 않았구나. 파리해 보여 애처롭다. 시계 초침 소리는 오늘따라 왜 저리 요란하냐. 창밖 단풍나무 이파리가 불그무레하니 참 보기 좋다. 얼마나 오래 저 고운 맵시를 자랑하려나. 머지않아 하늬바람이 불어오면 그 자취 감추겠지.

혼자 빈방에 앉아 있는 시간이 날로 늘어간다. 뭘 하려 해도 할 거리가 없다. 있다 해도 귀찮은 생각이 앞서 머뭇거리게 된다. 지나온 세월이 문득문득 떠오르며 잡생각이 꼬리를 문다. 정말 숨 가쁘게 달려온 나날이었다. 남보다 앞서려고 이겨보려고 허우적거리고 발버둥질 쳤던 순간순간들, 돌아보니 왜 그랬던가 싶고 흐뭇하기도 하고 애련하기도 하다.

산다는 게, 죽는다는 게 대체 무얼까. 그걸 인생이라 하던데…. 어찌 보면 가위바위보, 내기 놀음이 인생이 아닐까 하는 생각이

든다. 그 내기에서 이기는 게 사는 거고 지는 게 죽는 거지 뭐. 인생 하나하나가 바로 내기하는 거란다. 내기에서 이긴 사람이 살고 진 사람이 죽는 세상, 너무 흔하게 들어온 생존경쟁이라는 말, 궁극적으론 내가 살아남으려면 남을 죽여야 한다는 게 아니냐.

그런데 나는? 살아 보겠다고 바동거리긴 했는데 굳이 내기 걸려고 애쓰지는 않은 듯하다. 숱한 내기에 묻혀 살면서 어느 하나라도 꼭 이겨보아야겠다고 그렇게 아득바득하지도 않은 것 같다. 내기에 지는 데 관대했고 이기는 데 너무 인색했던 건 아닌지. 맞다. 그랬었구나. 왜 그랬을까. 용빼는 재주가 없고, 아는 게 신통치 않아, 자신이 없어 그랬던 게지.

내기엔 속된 말로 젬병이지 않았나. 잡기가 사람 살리고 죽이는 건 아니겠지만, 약방에 감초처럼 쓸 데가 많다. 나는 신선놀음이라는 장기나 바둑을 둘 줄 모른다. 심심풀이로 하는 화투, 포커도 잘하지 못해 별로 좋아하지 않는다. 탁구나 당구도 잘 못 친다. 골프채는 아예 잡아보지도 않았다. 물가에 살면서 헤엄칠 줄도 모르고 낚싯대 한 번 멋있게 휘둘러보지 않았다. 배우려 하지도 않았다. 배워도 손쉽게 익히지 못했다.

그래 했다는 일이라곤 단 하나, 시계추처럼 집과 사무실을 오가며 누구나 다 하는 밥벌이에 아등바등 매달리는 일뿐이었다. 그렇다고 그 본디 일을 잘했느냐 하면 그렇지도 않다. 아, 돌아보니 내기 한번 멋지게 못 해보고 취생몽사(醉生夢死), 비틀거리기만 하였구나. 그리 살던 인생살이도 저물어 가는구나. 홀로 앉은 방안의 무서운 고요가 가슴을 저민다. 숨이 막힐 지경이다. 간간이 들리던 풀벌레 울음소리조차 잠들었다. 언제 깨려나.

그만두자. 왜 이런 궁상스러운 생각을 하나. 창문을 활짝 열어 젖히자. 오늘 저토록 티 없이 맑은 파란 하늘이 얼마나 보기 좋으냐. 내일은 구름이 잔뜩 낄지도 모른다. 그 찌푸린 하늘에서 싸락눈 흩뿌리기 전에 황금 물결 일렁이는 들판으로 내달리자. 거기에 내가 해야 할 끝내지 않은 내기, 찾지 못한 내기가 있을 것이다. 찾아서 해보기로 하자. 영 찾지 못하면 어쩌나. 그래도 서두르지 말자. 너무 서글퍼 하지 말자. 그까짓 내기 거리가 없으면 그저 밋밋하게 사는 거지 뭐. 애걸복걸할 거 뭐 있나. 이긴 사람이 지고 진 사람이 이기고, 새옹지마(塞翁之馬)란 말이 있지. 수레바퀴 굴러가듯 둥글둥글 사는 거야.

운칠기삼(運七技三)이란 말도 있지 않나. 인생살이 운명이 7할이고 재주가 3할이라는 운명론 말이다. 주변 사람들 살아가는 이런저런 형편을 보면 그 말이 딱 맞는 것 같지 않나. 내 지나온 노정에 과연 재주와 운명은 어떻게 얽히고설켰던 걸까. 빈둥거리다 뜻대로 되지 않고 내기에 지니 운칠기삼이라 주절거리며 주저앉아 그 식이 장식인 세월을 보내지는 않았던지…. 어느 시인이 나를 키운 건 8할이 바람이라고 노래했다는데 그 바람의 의미는 또 뭔가.

곱씹어 보자. 정말 인생살이가 운이 7이고 기가 3이라면 그 바람 부는 대로 운명에 맡길 일이지 피땀을 왜 흘리겠나. 알아보니 그게 아니란다. 노력 없이는 운도 따르지 않는 것, 모든 게 행운과 불운에 따라서만 결정되지 않으니 끊임없이 갈고 닦으라는 속뜻이 담겨있다 한다. 중국 청나라의 문인 포송령(蒲松齡)이 지은 『요재지이(聊齋志異)』에 실린 글에서 이 말이 유래되었다고 하는데 더듬어나 볼까.

한 선비가 옥황상제에게 원망하며 따졌다. 왜 자신보다 못나고 변변치 않은 사람들은 다 급제하는데 자신만이 늙도록 급제하지 못하냐고. 옥황상제가 정의의 신이 이기면 선비가 옳은 것이고, 운명의 신이 이기면 세상사가 다 그런 것이니 체념해야 한다는 다짐을 선비에게 받고, 두 신을 불러 술 내기를 시켰다. 이 내기에서 정의의 신이 석 잔을, 운명의 신이 일곱 잔을 마셔서 정의의 신이 지고 말았다. 그러니 옥황상제가 세상일의 7할은 운명이 지배하지만 나머지 3할은 정의와 합리가 지배하니 운명 탓만 할 것이 아니라고 선비를 일깨워 돌려보냈다는 것이다.

우습구나. 옥황상제도 나만치 술을 즐기나 보다. 그 하고많은 내기 중에 왜 하필이면 술내기를 시켰나. 이 이야기를 들으니 잡기는 무엇이든 서툴러 변변한 내기 한 번 제대로 해보지 못한 내가 딱 한 번 술 내기에 진 일이 떠오른다. 공직생활을 시작한 지 얼마 안 된 20대 초반 팔팔할 때였다.

토요일 오후였던가. 편 갈라 배구시합을 하다 승부가 나지 않자 결판을 내야 한다며 짓궂은 선배들이 술 내기 판을 벌였다. 술깨나 한다는 나하고 공무원 동기인 학교 후배를 부추겨 계 대표로 내보내 맞붙게 했다. 내키지 않았지만, 당시만 해도 선배의 말은 하늘이었다. 감히 거절한다는 것은 있을 수 없는 일, 더구나 잉크

자국 채 마르지 않은 햇병아리 주제에 명령에 복종하지 않을 수 없었다. 손아귀에 움켜쥘 수 있는 요즘 소주잔으로 하는 게 아니다. 양동이에 막걸리를 가득 부어 옆에 놓고는 사발로 빨리 많이 마시는 내기다. 안주 먹을 새도 없다. 나는 아홉 사발을 마시다 그만 울컥 치밀어 자리를 박차고 뛰쳐나갔는데…. 그 후배는 두 사발을 더해 11사발이나 마시는 호기를 부렸다. 다들 내가 이긴다고 기대를 걸고 있었는데 그만 지고 말았다. 미련하기도 했지.

그런 일을 겪고서도 그 후배와 내내 공직생활을 같이하면서 서로 다투었다. 승진 빨리하려고, 요직 부서 먼저 차지하려고. 이기기도 지기도 했던 그 싸움터에서 후배가 지방공무원의 별이라는 사무관을 먼저 달았으니 그가 최후의 승리자인 듯하다. 정말 그런가. 술 내기에서 진 빚을 갚지 못한 나, 참으로 공직 인생 내기에서 지기만 한 비참한 패배자일까.

궁상일랑 그만 좀 떨자. 이긴들 진들 그게 뭐 그리 대단하냐. 가랑잎처럼 이리저리 나뒹굴다가 한 줌의 흙에 파묻히면 그만인 것을. 그 후배는 이런저런 사연이 있어 나보다 먼저 퇴직하더니 어떤 공직에 출마합네 하다가 화병인지 속병이 도져 몇 해 전에 이 세상과 영원히 헤어졌다. 나는 아직 이렇게나마 꿈적거리고 있는데….

더 겨뤄볼 수 없게 된 그 난삽한 인생 내기에서 누가 이기고 졌는지 옥황상제님은 알고 계시겠지. 창밖을 내다본다. 고추잠자리 한 마리가 꼬리를 살랑대며 촘촘한 거미줄로 날아오고 있다. ❡

(2011. 12. 하서문학)

❡ 텃 밭

도시 사람 행세하려면 아파트에 살아야 하듯이 시골 살면서 사람 축에 끼려면 알량하나마 텃밭 하나쯤은 갖고 있어야 하지 않을까. 은퇴자가 욕심내는 재산목록 1호가 텃밭이 아니냐. 내가 퇴직을 한다니까 몇몇이 걱정하며 한다는 소리가, 소일거리라도 만들어 둔 게 있느냐, 텃밭이라도 장만해 두었느냐는 것이었다. 없다고도 있다고도 할 처지가 못 되어 그저 씩 웃기만 했지만, 속으로는 '그래, 텃밭 하나 있어. 혼자 일하기 딱 맞아. 채소 포기깨나 심을 수 있는데 우리 두 식구 먹고도 남아.' 이렇게 중얼거렸다.

사실 내겐 한두 뙈기 논밭은커녕 텃밭이라고 내세울 만한 땅이 없다. 애초부터 없었던 것은 아니다. 어릴 적엔 꽤 많은 논밭 뙈기가 있었다. 자라면서 어찌 된 영문인지 그게 남아나질 않았다. 아버지가 생전에 반 이상 팔아 없애고 나머지는 내가 이래저래 다 날렸다. 아버지는 없는 살림에 자식들 공부 가르치느라 그랬고,

나도 아이들 기르고 대학 보내면서 살림집 장만하느라 그랬다. 셋방살이하더라도 밭뙈기 하나쯤은 팔지 말았어야 했는데 하며 뉘우치곤 했다. 아내도 늘 아쉬워했다. 당신이 욕심이 없고 헤프게 써서 그렇지 어쩌고 하면서 노상 투덜거렸다. 젠장, 못한 건 죄다 남편 탓이고 아비 탓이다. 그럴 때마다 부아가 치밀었지만 꿀 먹은 벙어리가 될 수밖에. 내 잘못한 게 없지 않으니 대꾸할 거리가 마땅치 않을뿐더러 그래 봐야 쌈밖에 더하나….

사라져 버린 논밭 타령해 무엇하랴. 소가 웃을 일이지만 혼자 텃밭이라고 뻐기며 애면글면 가꾸던 집터 한구석, 빈터 얘기나 해 보자. 남들이 물을 때 '그래, 하나 있어.' 하고 중얼거렸던 그 '텃밭' 말이다. 그때, 그 텃밭 가꾸던 일들이 몹시 그립다.

애지중지하던 그 땅, 집터에 딸려 있으니 텃밭이라 부르는 게 맞긴 하는데…. 모양새가 영 볼품없어 드러내기 민망하다. 폭이 어른 두어 발짝 남짓하고 그 길이가 쉰 걸음 안팎이다. 굳이 넓이로 따진다면 열대여섯 평 될까 말까 하다. 멍석 두어 장 겨우 깔 정도니 웬만한 부잣집 부뚜막도 이보단 넓겠지 싶다. 그런 걸 어쩌자고 텃밭이란 명색을 붙이고 좋아했는지 기가 찰 일이다.

그러긴 해도 그만한 것이나마 가졌다는 게 내겐 큰 복이었다. 감지덕지할 일이었다. 본디 텃밭도 아닌 빈터를 텃밭이라 여기며 가꾸던 그곳은 옆 마당 한구석으로 조립식 시멘트 울타리와 정화조가 있던 자리였다. 울타리 바깥쪽은 농협 땅인데 거기에 빈자리가 조금 있어 가지나 고추 따위 채소 몇 포기를 심어 가꾸곤 했었다. 주인이 못하게 하지는 않았지만, 눈치를 보아야 했다. 집 울타리 안에 그런 작은 빈터가 있어 눈치 안 보고 무엇이든 심어 가꾸는 게 큰 소원이었다.

그렇게 지내던 어느 한 해 농협에서 농자재 판매장을 새로 짓느라 주변 땅을 경계 측량한다기에 내 땅도 같이 재보기로 했다. 짐작은 하고 있었는데 세모꼴로 삐죽하게 생긴 자투리가 울타리 바깥쪽 농협 땅에 붙어있는 게 아닌가. 내겐 전혀 쓸모없는 땅이었다. 얼씨구나, 잘되었다 싶었다. 그 땅과 울타리 바깥쪽에 눈치 보며 가지 심던 농협 땅을 나누어 맞바꾸면 좋겠다는 욕심이 들었다. 평창농협 조합장이 평창 중고등학교 선배로 잘 통하는 사이다. 그런 사이래서가 아니라 농협도 내 담벼락에 붙은 땅이 꼭 필요하지는 않으니 서로 손해 보는 장사가 아니어서 교환계약은 쉽사리 이루어졌다. 똑같은 넓이로 주고받아 면적이 줄거나 늘거나 하지는 않았다. 그렇지만 내 차지가 된 농협 땅은 쓸모가 더 있었고 야금야금 쓰고 있는 땅이기도 했다. 바꾼 땅을 원 대지와 합병해 놓으니 장방형으로 생김새도 반듯해져 도랑 치고 가재 잡은 격이었다.

그러고 나서 그 사이에 있던 낡아빠진 시멘트 울타리를 헐고 하수종말처리시설이 들어와 쓸모없게 된 정화조를 들어냈다. 지인에게 부탁하여 질이 좋은 마사토를 구해 객토하고 퇴비도 구해서 듬뿍 뿌렸다. 경계 삼아 바깥쪽 가장자리엔 철쭉을 사다 심었다. 북쪽 한쪽 편에다가 높다랗게, 널찍하게 장독대를 만들어 주었더니 아내가 무척 좋아했다. 틈나는 대로 풀 뽑고 잔자갈 골라내며 애지중지 가꾸니 늦둥이 하나 얻은 기분이었다.

그렇게 정성 다해 일궈서 누구나 가져 보기를 소망하는 텃밭을 마련하게 된 것이다. 기껏해야 고추 여남은 포기, 오이·호박 따위 푸성귀 서너 포기씩 심어 가꿀 터밖에 안 된다. 그래도 그게 어디냐. 백수가 소일거리를 얻게 되고 재산목록에 추가할 수 있고 무엇보다 시골 사람 축에 끼게 되었으니 더 바랄 게 없다. 이제 남의 눈치 안 보고 원하는 채소를 심게 되었다. 얼마나 좋은지 입가에 잔잔한 웃음이 흐르고 콧노래가 절로 나왔다.

그렇게 장만한 텃밭에서 짓던 첫해 농사. 떠벌리기 뭣하지만 내겐 큰 일거리였다. 봄볕 화사한 어느 평창 장날, 고추·가지·상추·토마토·오이·호박 따위 채소 모종을 골고루 사다 심었다. 가지 수만 많았지 거의 다 서너 포기씩이고 가장 많이 심은 고추라야 고작 스무 포기 정도다. 그래 심어 놓고는 갓난아기 젖 먹이듯 갖은 정성을 다해 돌보았다. 물도 흠뻑, 비료도 듬뿍 아끼지 않고 자주 주었다. 잡초는 싹 트는 족족 뿌리째 뽑아버리고 손으로 무당벌레 잡으면서 무럭무럭 탈 없이 잘 자라 주렁주렁 열매 맺기를 고대했다.

과유불급이라 했던가. 채소 모종이 뿌리내려 한창 자랄 즈음인데, 어느 날 아침 녘에 텃밭을 둘러보니 고춧잎이 시들시들 축 늘어진 게 영 시원찮아 보인다. 웬일인가. 가물 타서 그런가 보다. 물을 뿌려 주고는 세심히 살피며 며칠 지켜보는데 대엿새 지나도 더 오그라지고 마르기만 하고 되살아날 기미가 보이지 않는다. 고추 모종이 유달리 더 심했다. 이웃집 아주머니가 보더니 살리지 못할 거라 그런다. 끝내 고추 두어 포기만 남기고 다 뽑아버려야 했다. 첫해 농사를 망쳤다.

얼마를 지나 장터 대폿집에서 농사짓는 한 친구를 만나 소주잔 기울이며 그 얘기를 했더니 그 친구가 하는 말이, "알아야 면장 한다더니. 그래 촌구석 면장 몇 해 하고도 그것도 모르나. 고추가 비료 독을 먹었구먼." 이러는 게 아닌가.

아뿔싸, 그래서였구나. 요소 비료를 줄기에 바싹 붙여 한 움큼도 넘게 덥석 주고는 그것도 적겠다 싶어 고랑에다가 훌훌 뿌렸었다. 그리곤 빨리 녹으라고 물까지 주었다. 내 딴에는 비료기를 빨리 빨아들여 쑥쑥 잘 크라고 그렇게 한 것이 도리어 병이 되었다. 몇몇 사람 말 더 들어보니 비료가 과하면 독이 될 수 있고 고추가 유달리 비료 독에 약하다나. 그걸 진작 알았어야지.

곰곰 생각하니, 제2의 인생이랍시고 낯선 사회생활에 발 들여놔 그럭저럭 살고 있긴 한데 모르는 게 너무 많은 왕초보라서 큰 탈이다. 그만둔 직장에서도 그리 썩 탐탁하고 능숙한 일꾼이 아니긴 했지만. 그러니 면장 노릇 10년 하면서 '면장도 알아야 한다'는 말을 툭하면 들었으면서도 그 참뜻이 뭔지 모르고 지냈지.

그 말 속에 있는 면장이 '면장(面長)'이 아니라 '면장(面墻)'임을 면장 그만두고 한참 지나서야 알았다. 본디는 '면면장(免面墻)'-담벼락을 마주한 듯한 답답함을 면한다는 뜻으로 쓰이던 말이란다. 『논어』

「양화(陽貨)」 편에서 공자가 아들 리(鯉)에게, 주남・소남의 시를 읽지 않으면 마치 담장을 마주 대하고 있는 것과 같다고 말 한데서 유래되었다. 배워야 하고 알아야 한다는 속뜻이 배어있다.

그나저나, 타고난 사주팔자에 땅 가지면 안 된다고 나와 있기라도 한지, 사는 게 맘먹은 대로 되는 게 하나도 없다. 낯설고 물선 곳으로 이사하면서 호호 불며 가꾸던 그 텃밭을 내 품속에서 떠나보냈다. 도로 찾을 길조차 아득하니 이 일을 어쩌나. 얼치기 농사꾼이라는 멍에를 벗으니 좋긴 하다만, 마음의 텃밭마저 잃으면 안 되는데 늘 근심이 오락가락한다. ❡

(2011. 12. 하서문학)

무언(無言), 그 하찮은 변명

어느 날 아침 여느 때와 다름없이 아내와 단둘이 밥상머리에 앉았는데 아내 기분이 좀 울적한 듯하다. 내 딴엔 기분 풀어준다며 "가지볶음이 맛있다." 어쩌고 서툰 아양을 떨면서 어디 여행 좀 다녀오자 했더니 야멸차게 거절한다.

"당신하고? 뭔 재미가 있어야 가지. 몇 시간을 가도 말 한마디 안 하면서."

삐친 사람처럼 노상 입을 꾹 다물고 사니 이런 핀잔을 들어도 싸고 대꾸할 건더기가 없다. '제발 말 좀 하며 살자'고 30년 넘는 결혼 생활 내내 그토록 보챘는데 언제 살갑게 말 한마디 건넸느냐. 입이 먹는 데만 쓰라고 생긴 게 분명 아닐진대, 입의 또 한 쓸모인 말도 어느 정도는 하고 살아야 하는 게 아닌가. 아내한테만 그러는 게 아니다. 언제 어디서나, 누구한테나 나는 별로 말이 없다. 나이 들어 평생 하던 일을 그만두고는 더하다. 왜 이러고 사나. 내가 살아온 길을 곰곰 되짚어 본다. 그럴 수밖에 없는 이유가 있었다고 스스로 위로하면서 하찮은 변명을 늘어놓는다.

초등학교 입학할 무렵이다. 아버지가 그토록 바라던 내 남동생을 낳고 열흘인가 만에 어머니가 돌아가셨다. 꽃상여도 못 타시고 칼바람 부는 섣달이 저물던 날 뒷동산 비탈진 곳으로 영영 떠나셨다. 핏덩이 남동생은 백일도 못살아 엄마를 따라가고, 나는 여섯 살 어린 나이에 세 살 터울 여동생과 단둘이 남게 되었다. 손이 귀한 집안이라 큰집, 작은집이 없었다. 그 누구도 따뜻하게 보살펴 주는 이 없는데 아버지는 늘 매만 들었다. 호랑이라도 만난 듯 무섭기만 했다. 그때부터 시작된 그늘진 생활이 나를 말 없는 아이로 자라게 했다.

아버지가 어머니 탈상도 하기 전에 어느 날 새어머니를 들였다. 아버지와 스무 몇 살이나 차이 나는 20대 후반의 새파란 여인이었다. 시집간 누님과 비슷한 연배였다. 모시고 오던 날 누님 같은 여인에게 '어머니'라면서 절을 하라기에 마지못해 그러긴 했지만 '어머니'라는 말은 내내 하지 않았다. 여러 번 아버지의 불호령이 떨어졌다. 그럴 때마다 '어머니', 그 말을 입안에 넣고 우물거리며 그저 울기만 했다. 새어머니는 어린 내가 보아도 못 하는 게 너무 많았다. 아버지에게 욕먹고 매 맞다가 1년도 못 살고 가버렸다.

그러고 얼마 후 아버지는 또 한 여인을 '어머니'라며 모시고 왔다. 친어머니 연세쯤 되는 점잖은 여인이었다. 첫 번째 새어머니보다는 여러모로 따스한 분이었다. 띄엄띄엄 '어머니'라는 말을 하면서 정을 붙이려는데 1년이 좀 지난 어느 날 홀연히 떠나버렸다.

'새어머니…' 그만 만나고 싶었다. 아버지의 집착은 강했다. 몇 달이 지난 어느 날 세 번째 새어머니가 오셨다. 30대 중반의 전라도 여인이었다. 이 어머니와는 십 년 넘게 같이 살았다. 고등학교 졸업할 무렵 헤어지게 되었는데 친아들이 찾아오면서 생긴 아버지와의 갈등 때문이었다. 그러고 나서 내가 결혼할 때까지 몇 년간은 여동생과 단둘이 아버지 모시고 외롭게 살았다. 아버지 술주정 버릇은 여전했다. 술 드실 때마다 갈 곳 마땅찮은 동네 구석 여기저기로 피해 다녀야 했다. 이런 난리를 겪으면서 어린 시절을 보냈다.

나는 3대 독자 외아들이다. 귀여움만 받으며 자랐으리라고 지레 짐작할지 모르지만 천만의 말씀이다. 귀여움은커녕 홀아버지로부터 잘한다는 칭찬의 말 한마디 들어본 기억이 없다. 사흘돌이로 술주정을 당하면서 '못난 놈', '죽일 놈' 소리를 귀에 딱지 앉도록 들어야 했다. 친엄마가 돌아가시고 세 번씩이나 새어머니가 들고 날고 하는 바람에 가뜩이나 주눅이 들어 말 못 하고 사는데 아버지는 욕만 하면서 아예 입을 봉하고 살라는 가르침만 주었다.

툭하면 무릎 꿇리고 공자, 맹자를 들먹이며 원형이정(元亨利貞)이니 역지사지(易地思之)니 하는 뜻 모를 말들을 한참 늘어놓다가 끝에는 '신체발부 수지부모(身體髮膚 受之父母)니, 함부로 다치게 하지 마라', '일구이언 이부지자(一口二言 二父之子)다. 항상 말조심해라'라는 말로 오금을 박는 것이었다. 어느 때건 무슨 말을 할라치면 쓸

데없이 지껄인다며 면박을 주기 일쑤였다. 밥 먹을 때는 특히 더 했다. 말 한마디는커녕 쩝쩝 씹는 소리조차 내지 못하게 했다.

이런 생활환경에 젖어 살면서 '무언 병(無言病)'을 얻었다. 결혼해서 아들딸 낳고, 할아버지가 된 지금까지도 그 병을 못 고치고 산다. 곰곰 돌아보니 어쩌면 다행인지도 모른다는 생각이 절실하다. 그 덕분에 설화(舌禍) 한 번 입지 않고 살아왔으니 말이다. 이부지자(二父之子)가 되지 않았기 때문이다.

자고로 말조심하고 살라는 성현의 가르침이 얼마나 많으냐. 나는 '무언 병'을 앓으면서 동병상련이라 그랬는지 이런 유의 말조심하라는 가르침을 늘 가슴에 새기고 살았다. 요즘 보면 다 맞는 말은 아니다만 깨우치는 바가 많다.

조선 후기의 문신 성대중(成大中)은 '재앙은 입에서 생기고 근심은 눈에서 생긴다'라고 했다. 중국 후당(後唐)의 재상 풍도(馮道)는 '입은 화를 불러들이는 문이고 혀는 몸을 베는 칼이다'라며 말조심을 강조했다. 우리 속담에도 '혀 아래 도끼 들었다' 따위의 말조심하라는 격언이 많다. 탈무드라는 책에 '여자는 양다리 사이에 있는 것, 남자는 양 볼 사이에 있는 것을 신중히 다뤄야 한다'라는 말이 나온다. 세조 때 일이다. 척불(斥佛)을 주장하던 홍일동(洪逸童)이 임금으로부터 철회를 강요받았다. "죽는 게 마땅하면 죽고, 사는 게 마땅하면 사는 것인데, 어찌 한 입을 가지고 두말을 하겠으며, 또 마음을 바꾸겠습니까."라고 했다. 요즘 세상엔 이런 선비가 드물다.

이와 같은 경구나 본받을 옛일을 오늘날 우리 사회에서 소위 잘나간다는 사람들에게 다시 가르쳤으면 하는 생각을 해본다. 중언부언한다마는 '물은 깊을수록 소리가 없다'라는 속담이 있다. 잘난 사람일수록 함부로 말하지 않고 말을 아끼라는 의미다.

요즘 세상에 잘나가는 그들도 이런 말들을 배워서 알고 있겠지, 배웠는데 잊어버렸나. 알면서도 일부러 안 지키나. 눈만 뜨면 그들 때문에 일어나는 역겨운 소식을 자주 보고 듣는다. 공약(空約) 되는 공약(公約) 내뱉기가 입버릇이 되었다. 들어갈 때 말과 나올 때 말이 다르다. '결백하다' 어쩌고 큰소리치다가 결국엔 '국민께 죄송하다'라면서 고개 숙이는 '이부지자(二父之子)'들. 처음부터 '받았다'라고 말하면 제 조상 욕까진 안 먹이련만.

달리 생각하니 말없이 살아온 내 삶이 억울하고 허망하다. 이제라도 말 좀 하며 살아 볼까나. 밥상머리에서 아내 핀잔을 그만 들어야겠다. 하나 모두 다 부질없는 일이다. ❡

(2012. 11. 월간문학)

한글은 민족혼이다

얼마 전에 개원한 19대 국회가 할 일을 제대로 해주겠지, 하는 바람인데 들리는 소식이 시답잖기만 하다. 몇 가지 신선한 소식이 있긴 하다. 한문으로 쓴 의원 선서문을 한글로 바꾸었다나. 이참에 한문으로 되어있는 국회기와 배지도 한글로 바꾼다고 하니 참 잘하는 일이다. 한편으론 한심하다는 생각이 들기도 한다. '국어기본법'으로 바뀌었지만 '한글전용에 관한 법률'을 60여 년 전 까마득한 옛날에 자신들이 만들어 놓았다. 그걸 여태껏 지키지 않다가 인제 와서 대단한 일이나 하는 것처럼 법석을 떠니 말이다.

아는 체 법을 들먹거려 좀 뭣하다만 '국어기본법' 제3조에서 '국어'란 대한민국의 공용어인 '한국어'고, '한글'은 국어를 표기하는 우리 고유문자라고 정의하였다. 그리고 제14조에서 공공기관 등의 공문서는 어문규범에 맞추어 '한글'로 작성하여야 한다고 정하였다.

이런 법 규정이 아니더라도 우리가 나라말인 '한글'을 써야 함은 아주 당연함에도 '한글' 전용 문제가 도마 위에 올라 논란이 되고 있다. 외국어가 봇물 터지듯 넘치고 있다. 한자를 섞어 쓰는 문제에 대한 논란은 우리가 한자 문화권에서 오래 살아왔기 때문에 이해가 된다. 하지만 최근에 생긴 '어문정책정상화추진회'라는 단체에서 국어기본법의 한글전용 조문이 위헌성이 있다면서 헌법소원을 준비하고 있다는 소식을 들었는데, 그렇게까지 해야 할 절실한 이유는 없지 않나 싶다.

그런 시비야 어떻든, 한글이 우리글임을 어느 누가 부정할 수 있으랴. 우리의 몸이요 혼이다. 우리가 지키고 가꿔야 한다. 그런데도 요즘 우리 일상 주변을 돌아보면 한글을 너무 소홀하게 다루고 있다는 느낌을 감출 수 없다. 좀 크고, 멋있고, 잘나가고, 돈벌이 되는 그 어떤 것에서 순수한 우리말로 된 이름을 한번 찾아보라. 한두 가지 건질까 말까다. 외국어 홍수 시대에 한글이 뒷전으로 밀려나 푸대접을 받고 있다.

지난 중복 날이었다. 딸내미가 복달임 턱을 낸다 하여 따라간 집이 '낭띠타운'이라는 오리구이 전문점이었다. 원주 근교에 있는 아담한 이층집으로 규모가 꽤 크고 메뉴도, 맛도 그런대로 괜찮은 집이었다. 그날 맛있게 먹긴 했지만 좀 찜찜했다. '낭띠'가 대체 무슨 말이며 오리와 어떤 연관이 있는지가 내내 궁금했기 때문이다. 한참 먹다가 딸내미에게 '낭띠'가 무슨 뜻이냐고 물었더니 퉁명스럽게 모르겠단다. 그날 집에 돌아와 사전을 찾아서 '낭띠'가 '유복함·부유함'이라는 뜻을 가진 프랑스 말임을 알았지만, 오리구이 전문점을 왜 '낭띠타운'이라 이름 지었는지는 끝내 알 수가 없었다.

어느 날 산책을 하다 '홍오리'라는 오리구이 집이 '논두렁가든'으로 바뀐 것을 보고는 논두렁이라는 우리말에 꼭 '가든'이라는 외국어를 붙여야 하는지 혼자 쓴웃음을 지은 일이 있다. 묘하게도 나는 다른 나라 말로 간판을 단 오리구이 집에만 다녀왔다. '닥키닥팜', '신토불이', '크레이지덕' 따위. 중복 날 갔던 데가 '낭띠타운'이라는 오리구이 집이라 화두로 삼았다만 음식점 이름은 그래도 좀 나은 편이다.

어디엔가 여행지에서 하룻밤 묵은 여관이 'M모텔'이었다. 무슨 뜻으로 'M'이라 했는지 한참 갸웃거렸는데 그따위 뜻 모를 이름은 이루 헤아릴 수가 없다. 시내 나가서 좀 크고 번듯하고 번쩍거리는 데를 유심히 쳐다보라. 어김없이 외국어로 쓰인 간판을 쉽사리 볼 수 있다. '비즈인', '노블레스', '로망스', '로즈힐', '린비아트', '그랜드', '룰루' 따위. 요즘 말이 많은 'SSM'이라 부르는 대형 슈퍼마켓에 우리말로 된 이름이 없다. '이마트', 'GS슈퍼', '롯데슈퍼', 'AK플라자', '홈플러스' 따위가 이들 이름이다. 아파트 이름은 또 어떠한가. '휴먼시아', '휴엔하임', '아이파크', '에버빌', '뜨란채', 'e편한세상', '푸르지오' 등등. 나도 '스타클래스'라는 아파트에 살고 있으면서 우리말 어쩌고 하니 우습기도 하다.

한번 생각해 보자. '외국어'와 '외래어'는 다르다. 가려 쓸 줄 알아야 한다. '외래어'는 외국에서 들어온 말이긴 하지만 이미 우리 땅에 뿌리내려 우리말처럼 쓰이는 우리말이다. 표준 국어사전에

수록된 '외래어'는 10만 정도라 한다. 선진 외국에서 새로운 물건이나 기술, 문화를 말하는 외국어가 들어왔을 때 적당한 우리말이 없어 '텔레비전', '버스', '택시', '피아노', '컴퓨터' 따위처럼 외국어 소리 그대로 쓰던 말들이다. 이마저 못쓰게 하거나 중국처럼 可口可樂(코카콜라), 麥当勞(맥도널드), 肯德基(켄터키)따위로 옮겨 쓸 일은 아니라고 본다.

문제가 되는 것은 '외래어'가 아니라 '외국어'다. '외국어'는 뜻 그대로 남의 나라말이다. 이 말도 무조건 쓰지 말자는 것은 아니다. 학술어 같은 전문용어는 쓸 수밖에 없겠지. 하지만 옮겨 쓸 수 있는 아름다운 우리말이 있는데도 굳이 '외국어'를 그대로 쓰거나 이상하게 혼합하여 쓰는 것은 문제가 아닌가.

이를 말려야 할 배운 사람들과 정부나 공공기관단체가 더 부추기는 듯하다. '휴먼시아'는 공기업인 토지주택공사가 지은 아파트에 붙인 이름이다. 자기 이름조차 한글은 뒤로 감추고 'LH'라 버젓이 쓰고 있다. 이런 판에 민간사업자가 지어 분양하는 아파트 이름이 어떻다고 말할 수 있겠나.

감독하는 정부나 지방자치단체는 또 어떠한가. 일일이 다 거론할 수는 없고. 요즘 그들이 정체성을 확립한다면서 돈 들여 개발하는 '브랜드 슬로건'인가 뭔가를 보자. '브랜드 슬로건'이라는 그 말 자체가 맘에 들지도 않거니와 그 비용도 기천 만원이나 들어가는 모양인데 왜 그런 데다 돈 쓰는지 마뜩잖다. 혈세를 써서 만들어 놓은 그 꼴을 보면 더 기가 막힌다.

내 주변에서 자주 보는 소위 그들의 '브랜드 슬로건'이다. 'happy700 평창'이란다. 해발 700m 지점이 생태 리듬에 가장 적합하다는데 평창이 이런 고장이어서 행복한 곳임을 뜻하는 말이란다. 처음 보는 사람이 'happy700'이 이런 뜻임을 어찌 알 수 있겠는가. 원주시는 'dynamic 원주', 'healthy 원주'라 한다. '動트는 동해'라나. 'young world 영월'이라 하고 'oleole 양양'이라 그런다.

'솔향 강릉', '초롱이 양구'라는 말과 비교해 보라. 찾으면 아름다운 우리말이 얼마든지 있을 터인데 외국어를 섞어 만든 야릇한 슬로건이 대부분이다. 광역자치단체도 우리말 무시하는 데는 이들을 뺨친다. 'it′s 대전', 'dynamic 부산', 'fly 인천', 'colorful 대구', 'your partner 광주', 'lively 강원'이라고 한다. 바꾼다고 하더라만 수도 서울을 'hi 서울'이라 그런다. 왜 이런 잡탕 말로 소위 '브랜드 슬로건'이라는 것을 만드는지, 그 지방 주민은 얼마나 알고 공감하는지 선뜻 이해가 안 된다. 내가 공직에 몸담기 전에 어느 강원도지사가 외친 도정 구호가 생각난다. '산으로 가자. 바다로 가자'였다. 요즘 인터넷에서 볼 수 있는 강원도의 또 다른 구호가 '강원도래요. 來yo~'다.

인터넷-'누리망'이라고 순화해 놓았던데 이 말 쓰는 사람이 드물다. 그러니 '인터넷'이라 쓸 수밖에 없는 이 세상을 들여다보면 그야말로 요지경이다. 욕을 하면서도 인터넷 카페나 블로그, 페이스북을 자주 들락거리는데….

'춘천 입영 전야제 Hot 아니 cool~한 소식. With The Rain 춘천 입영 전야제!'

얼마 전 인터넷에서 본 어느 정부 기관의 홍보 글이다. 입영 장정- 젊은이를 상대로 하는 광고라지만 꼭 이렇게 써야 하나. 하나 더 보자. 우리나라 문화정책을 관장하는 정부 부서에서 올린 글이다.

'GMF2012 2차 라인업 발표되었어요!!! 들뜬 마음 진정시키고~~시작합니다. ^0^ ♡뜨거운감자, 랄라스윗, 루시아, 버벌진트, 브로콜리너마저, 스윗소로우, 악퉁, 윈디시티, 윤하, 이승열, 칵스, 캐스커, 킹스턴루디스카, 페퍼톤스, 벨맨, 호소미타케시♡ - 문광부'

법을 지키면서 한글문화를 올바르게 이끌어 가야 할 정부가 이러니 무슨 말을 더하랴. 문화가 민족혼이라 하지 않느냐. 우리 문화의 중심에는 한글이 있다. 한글을 살리지 않고는 문화, 민족혼이 살아날 수 없다. 이래서야 '20~50클럽'- 2만 불 국민소득, 5천만 인구를 가진 세계 7대 명품 국가에 들었다고 제아무리 자랑해 보아야 속 빈 강정일 뿐이다. 올림픽에서 딴 금메달의 빛이 바랜다. ❡

(2012. 12. 하서문학)

북창 애수

수구초심(首丘初心)이라, 여우도 죽을 때엔 살던 굴 쪽으로 머리를 둔다고 하지 않더냐. 남 따라 살 일은 아니지만 은퇴하고는 고향으로 돌아간다는데 나는 떠났다. 그 속내가 무엇이더냐. 헤아릴 길 없구나. 헤아려본들 다스릴 방도가 묘연하니 굳이 따져보지 않기로 했다. 뜻대로 나서 뜻대로 살고 죽을 수 있다면 그걸 어찌 삶이라 할 수 있으랴. 고를 수 없는 슬픔을 견뎌내면서 거스르는 맛도 겪어야 사는 멋이 있다.

고향도 그렇다. 태 버린 한 곳에서만 쭉 내리 산다면 고향이 없는 거나 마찬가지다. 아예 갈 수 없거나, 자주 가지 못하는 설움을 달래며 손등으로 눈물을 훔쳐보지 않고는 고향을 모른다. 나는 이순이 다 되도록 한 번도 고향을 벗어나 살아 보지 않았다. 그러니 고향이 뭔지를, 그 못 가는 설움이, 떠나는 마음이 어떤지를 모르고 살았다.

이런 내가 설움이 뭔지를 배우려 그랬는지 어쨌는지, 어느 날 홀연히 고향 평창을 떠나 원주 문막에다 새 터전을 마련했다. 이왕 떠나려면 다신 못 돌아갈 데, 아니면 천만리 멀리 떨어진 곳, 고향 나들이 자주 못 할 데로나 갈 일이지. 겨우 한 시간 남짓, 2백 리도 못 되는 데다 옮겨놓고는 고향이 어쩌고 푸념한다. 평생 객지만 돌고 도는 사람도 많은데 낯이 뜨겁다.

그렇지만 난생처음 객지라는 곳에서 살아 보니 아무래도 고향만 못해 넋두리에 빠지게 된다. 옮겨 터 잡은 새 보금자리는 평생 그런 데선 살지 않겠다던 한 아파트다. 전에 살던 벽돌집에 비교하면 대궐 같지만, 그 이름부터 '스타클래스'라는 딴 나라말이어서 서먹하기만 하다. '없는 것, 있어도 작고 적은 것에 만족하자. 그 속에 더 많은 행복이 있다'라고 말해 놓고는 어쩌자고 큰 것을 골랐는지 통 모를 일이다. 식구들이 다 좋다 하니 덩달아 그런 기분이 들기도 하지마는 영 탐탁하지 않다. 점점 쪼그라드는 처지에 이 무슨 당치 않은 호사냐. 드나들 때면 두 번이나 눌러야 하는 현관 비밀번호가 늘 가물가물해서 불안하다. 산도, 물도, 사람도 낯설기만 한데 시간은 왜 이리 더디 가는지. 까닭 모를 설움이 울컥울컥 치민다. 그래도 어쩌겠나. 숨 막히는 나날이지만 사는 수밖에.

쉬이 정 못 붙이는 이 벌집 같은 둥지에 혼자 쓰는 작은 방이 하나 있다. 글 읽고, 쓰고 하는 방을 서재라고 부른다던데, 그걸 갖는 게 어릴 적 꿈이었는데, 그 꿈을 이뤘다고나 할까. 하지만 그런 사치를 누리고 싶지 않다. 한 번도 나는 이 방을 서재라 생각하지도, 그렇게 부르지도 않는다. 이 방은 북쪽으로 돌아앉아 여름철에만 저녁나절 잠깐 해가 든다. 낮에도 불을 켜고 지내야 한다.

거실로 통하는 출입문, 북쪽으로 달린 창문 하나, 컴퓨터와 프린터가 놓인 기다란 책상, 너절한 책이 빼곡한 빛바랜 서가. 나는 이런 단출한 세간들과 승산 없는 눈싸움을 하면서 이 방에서 주로 시간을 보낸다.

여기서 글을 읽고 잡문을 끼적거린다. 카페나 블로그, 페이스북 따위 인터넷에 빠져 허우적거린다. 누구 하나 기꺼이 찾아주지 않는 '내 삶과 문학'이라 이름 붙인 네이버 블로그와 페이스북 담벼락에 글을 올리고 댓글을 단다. 때때로 따라 부르지 못하는 이애리수의 '황성 옛터'나 이미자의 '기러기 아빠'를 듣는다.

벌렁 방바닥에 눕는다. 허리가 아프다. 이내 벌떡 일어나선 팔짱을 끼거나 뒷짐을 지고 서성거린다. 다시 누런 책장을 넘겨본다. 눈알이 아프다. 돋보기를 내던지고 또 눕는다. 이도 저도 싫다. 짜증이 난다. 노곤하다. 가끔 어떤 꿈에 부풀기도 하나 바로 밀려오는 슬픔에 묻힌다. 심심하고 지루한 일상. 어디론가 훨훨 날아가고 싶다.

이럴 때면 나는 이 둥지에 딸린 북창 옆으로 다가간다. 이 창은 내 맘대로 바깥세상과 사귈 수 있는 유일한 통로다. 밤낮 가리지 않고 버릇처럼 창문을 연다. 가슴팍 높이라 일어서서 바깥을 바라보기 딱 맞다. 창턱에 팔꿈치를 걸치고 손바닥으로 두 뺨을 고이거나, 그냥 멀뚱히 서서 눈에 들어오는 풍경에 취한다.

고향 산천과 진배없는 하늘과 구름, 산과 강, 실개천이 다가온다. 천 년 옛적 왕건이 진을 치고 견훤과 겨뤘다는 '건등산', 그 산굽이를 휘감으며 유유히 흐르는 '문막 들판'의 젖줄 '섬강'. 사철 생명으로 출렁대는 들판 한가운데서는 실개천 '건등천'이 조잘거린다. 나는 거기에서 고향을 본다. 좀체 정붙이지 못하는 이 '벌집' 한쪽에 북창이 달려있음은 천행이다. 이마저 거실의 남창처럼 높다란 잿빛 담벼락에 가로막혀 있다면 어쩔 뻔했느냐. 가랑비가 오락가락하는 오늘도 몇 번인가 북창을 여닫는데…. 며칠 전 읽어본 당나라 시성 백거이(白居易)가 읊었다는 '북창삼우(北窓三友)'가 떠오른다.

오늘 북창 아래서 무엇 할까? 스스로 묻네
아하! 세 벗을 얻으니, 세 벗은 누구일꼬
거문고 뜯다 문득 술 마시고
술 마시다 문득 시 읊고
세 벗이 갈마들며 서로 이끄니
아! 돌고 돎이 끝이 없어라.

今日北窓下 自問何所爲(금일북창하 자문하소위)
欣然得三友 三友者爲誰(흔연득삼우 삼우자위수)
琴罷輒擧酒 酒口輒吟詩(금파첩거주 주구첩음시)
三友遞相引 循環無已時(삼우체상인 순환무이시)

나는 무엇으로 삼우(三友) 삼을꼬? 술은 좀 즐기나 시와 거문고 다루는 재주가 없으니. 다룬다 한들 어찌 일세를 풍미한 시성을 좇으려 하느냐. 언감생심, 꿈도 못 꿀 일이다. 한데 사고무친(四顧無親)한 예서 술 하나만을 벗하기는 너무 외롭다. 북창 밖으로 늘 바라보는 저 건등산과 문막 들과 섬강을 삼우(三友) 삼고 술과 시를 불러서 끊임없이 돌고, 또 돌고 싶다만 이는 더 지나친 욕심이겠지. 저들은 어제도 오늘도 대답이 없다. ❡

(2012. 12. 하서문학)

❡ 51번 시내버스

촌놈은 촌에 살아야 제격인데 도시에 나와 촌티를 벗으려니 배울 것도 많고 속상한 것도 많고 원통한 것도 많다. 왜 이 짓을 하며 살아야 하는지 한숨지으며 눈시울 적실 때가 가끔 있다. 세상살이가 어디 뜻대로 되느냐. 태어나고, 살고, 죽는 그 자체가 내 권한 밖이니 일러 무엇하랴만, 은퇴하고 고향을 떠난 일이 못내 섭섭하다. 남들은 고향을 찾는다는데 나는 떠났으니 이 무슨 얄궂은 운명이냐. 그나저나 어쩌겠나. 이미 엎질러진 물인 것을.

2년여 전에 고향 평창을 떠나 원주로 이사했다. 어찌 보면 평생 시골에 갇혀 살던 촌놈이 도시로 나왔으니 출세했다고나 할까. 부러움을 살 일이다. 정말 그런가. 남들이 어떻게 생각할지 모르지만 '썩 잘했구나', 이런 생각이 들지 않는 게 솔직한 내 심정이다. 구구절절 그 사정을 떠벌려 무엇 하랴. 이제 도시 사람이 되었으니 그 구색에 맞춰 살아야지 별수 있겠나. 하루라도 빨리 도시 사람이 되는 게 급한 일이다.

생각은 이러면서도 시골 생활에 찌든 촌뜨기라 모든 게 낯설고 서툰 도시 생활을 바로 익히기는 참 어렵기도 하다. 두 군데나 거쳐야 하는 아파트 현관이 영 서먹하다. 드나들 때마다 눌러야 하는 비밀번호를 깜박할 때가 잦다. 밖에 나가봐야 밟히느니 딱딱하기만 한 시멘트 · 아스팔트 바닥이다. 문만 열만 밟히던 풀 향기 담뿍 배인 푹신한 마당이 그립다. 거기엔 생명이 있었다. 그 생명은 바로 내 것이었다. 여기 새 터전에서 내가 밟아야 하는 아스팔트엔 생명이 없고 내 것이라고는 없다. 이 낯선 거리는 삭막하기만 하다. 들리느니 쌩쌩 내달리는 자동차 소음뿐이다. 들은 보이지마는 소음에 묻혀 개구리 · 귀뚜라미 울음소리를 분별할 수가 없다. 웃통 벗어젖히고 막걸릿잔 같이 나눌 벗 하나 없다. 이런 세상이 뭐 좋다고….

이렇듯 살갑지 않은 도시 생활에서 더욱 곤혹스러운 것은 시내버스를 타는 일이다. 원주 시내에 나갈 일이 자주 생긴다. 내 사는 곳, 문막에서 시내 중심지까지는 20㎞ 남짓, 승용차로 20분 정도 걸린다. 그때마다 고민하게 된다. 어떻게 나갈 것인가. 낡은 자가용이 하나 있긴 하나 아내가 주로 이용한다. 살림살이 보탠다고 마련한 조그만 일터에 그 차를 갖고 다니면서부터다. 차 한 대 더 장만할 형편은 못 된다.

처음 얼마간은 시내 나들이할 때 택시를 자주 이용했다. 편하기도 해서였지만 사실은 버스를 어떻게 타야 할지 몰랐기 때문이다.

버스 탈 줄 모른다니 우습게 들릴지 모르지만, 그동안 살면서 시내버스를 타 볼 기회가 별로 없었으니 모를 수밖에 더 있느냐. 시골 평창은 구색 갖춘 시내버스가 다니지 않는 곳이다. 시내버스라 이름 붙인 버스가 있긴 하나 도시에서처럼 복잡한 노선을 오가는 그런 버스가 아니다. 시외버스나 매한가지인 버스 몇 대가 한적한 시골길을 드문드문 오갈 뿐이다.

이런 시골인데 내 집에서 일터까지는 걸어 다닐 수 있는 가까운 거리였다. 그런 직장에 40년 가까이 매여 살았으니 버스 타야 할 일이라고는 거의 없다시피 했다. 출장이나 개인 용무가 있어 어디 멀리 갈 때도 관용차나 자가 승용차를 주로 이용했다. 어쩌다 시외버스를 타고 도시지역으로 가서 시내 나다니긴 했지만, 택시를 탔지 시내버스를 이용하지는 않았다. 복잡하게 얽힌 버스노선을 익히는데 둔했기 때문이다.

여기 이사 나오고는 사정이 달라졌다. 내 자가용은 아내 차지가 되어 맘대로 쓸 수가 없다. 택시가 빠르고 편하긴 하지만 그 요금이 2만 원 안팎이라 시내버스 요금의 열 배가 넘는다. 따져보나 마나 얄팍한 연금 주머니가 한두 번은 모를까 한 달에 수십 번씩은 감당할 여력이 없다. 그렇다고 산목숨에 주야장천 방콕하고만 있을 수는 없다. 게다가 객지가 낯익어 갈수록 아는 사람, 가야 할 데가 늘어만 간다. 갈 땐 가야 하고 사람은 만나야 하는 게 아닌가. 달리 어찌할 도리가 없지. 시간 더 걸리고 좀 불편하지만, 시내버스에 몸을 맡겨보기로 했다. 시간이야 백수 처지인 내가 굳이 따질 거 없고 불편함도 아직은 팔다리 팽팽하니 견딜만하다.

이래서 시내 나들이할 때면 아주 급한 일이 아니면 시내버스에 오른다. 문막에서 원주 시가지를 오가는 시내버스 주 노선은 '51번'이다. 아침 5시 반부터 밤 10시까지 10~15분 간격으로 60여 회 운행한다. 승용차로는 20여 분 걸리는 거리지만 1시간 정도 터덜거리는 차 안에서 시달려야 한다. 여간 짜증스러운 게 아니다.

집에서 버스 정류장까지 5분여 걸어가야 하는 일이 우선 거슬리는데 이것저것 알아두어야 할 것이 너무 많다. 버스요금은 얼마더라. 천 원짜리 잔돈이나 100원짜리 동전을 마련해야겠지. 뭐라더라, 언뜻 떠오르지 않는다만 무슨 카드가 있다던데 사야 하나. 어디서 사야 할지. 무엇보다 곤혹스러운 것은 어디서 내릴지를 익히는 일이다. 버스 노선도에 자세히 나와 있어 살펴보긴 했지만 처음 보는 낯선 이름뿐이라 그 정류장이 어디쯤인지 초행길이라 도저히 가늠할 수 없다. 지금은 어디, 다음은 어디 정류장이라는 차내 방송이 공허하게만 들린다. 약속 시각은 다가오는데 왜 그리 멈추는 곳은 많은지. 그때마다 많은 사람이 타고 내리건만 누구 하나 아는 체하는 사람이 없다. 외톨이라는 서러움이 북받쳐 오른다.

이렇듯 버스를 탈 때마다 기다리고 머무르는 한두 시간이 지루하기만 하다. 그래도 어쩌겠나. 도시 생활에 적응하려면 견디어야 하는 한 도정이니 이 길을 갈 수밖에 없지 아니하냐. 겨우 몸을 가누고 서 있는 어느 노파의 헝클어진 흰 머리칼이 가슴을 저민다. 그 바로 옆 의자에 앉아 이어폰을 꽂고 휴대전화만 조몰락거리던 한 여학생의 얄미운 모습을 선불리 지울 수 없다. 버스를 탈 때마다 새로 만나는 그들 삶의 모습에서 내 자화상을 보게 된다. 어떻게 살아왔고 살아갈 것인가. 돌아보며 곰곰 생각하니 이젠 '51번'과 친해져야 할 내 처지를 인정할 수밖에 없다. 순응하며 살아야겠지. 얼마 전에 교통카드를 겸할 수 있는 '공무원연금증' 신용카드를 하나 장만했다. ❡

(2012. 12. 원주문학)

이 가을, 코스모스 단상

어느새 가을이다. 결실의 계절이지만 시름의 계절이기도 하다. 북창 밖으로 펼쳐지는 가을 풍경을 내다보며 이런저런 상념에 젖는다. 불그무레하게 물드는 단풍잎이 예쁘다. 오래도록 이토록 곱다면 얼마나 좋을까. 머지않아 첫서리가 내리고 눈발이 흩날리리라. 그때면 차디차게 식어버린 맨땅에 떨어져 발길에 차이는 천덕꾸러기 신세가 될 것이다. 거들떠보는 사람 없어 이리저리 쓸려 다니면서 짓밟히리. 내내 참 곱다는 대접을 받지 못하고, 이리 버림받음은 무슨 팔자인고. 누구의 심술 때문인고.

낙엽과 더불어 가을 하면 떠오르는 게 코스모스와 고추잠자리다. 어릴 적 고향 마을 가을 들녘엔 코스모스가 피었다. 누가 애써 돌보지 않았는데도 울 안팎에, 길섶에, 밭두렁에…. 어느 곳에서나 흐드러지게 피어 고추잠자리와 어울리던 모습이 아련하다. 그때 가을 하늘은 지금보다 더없이 파랗고 높았던 듯하다.

실바람에 하늘거리는 코스모스 꽃잎에 날름 내려앉은 고추잠자리가 가을볕에 졸고 있다. 발소리를 죽이며 꽁무니 쪽으로 살금살금 다가간다. 엄지와 집게손가락을 오므려 꼬리를 잡으려는 순간, 눈치 하나 참 빠르다. 포르르 날아 한 바퀴 원을 그리고는 앞뒤 자리로 요리조리 옮겨 앉는다. 놀림 받아 약이 올라 얼굴은 붉어지고 이마에는 송골송골 땀방울이 맺힌다. 한 친구가 꾀를 써본다. 꽃대 옆에 꿇어앉아서 집게손가락을 곧추세우고는 숨죽여 기다린다. 춤추다 지친 한 마리 잠자리가 살포시 내려앉아 꽁무니를 실룩거린다. 드디어 잡았다. 또 한 마리가 내려앉고, 이번엔 놓치고, 다음번엔 잡고…. 이렇게 고추잠자리와 코스모스가 짝지은 시골의 가을은 온통 금빛이었다.

가을편지 집배원 코스모스. 꽃대가 유난히 가늘고 길다. 꽃잎을 이고 산들바람에도 고개를 가누지 못해 하늘거리는 모습이 애처롭다. 신이 만든 꽃 가운데 첫 작품이 코스모스라 한다. 만들고 나서는 마음에 썩 들지 않아 고민하다가 왠지 연약해 보이는 게 좋을 것 같아 목을 길게 늘여놓았다나. 믿거나 말거나, 다른 꽃은 다 구구절절한 탄생설화가 있는데 코스모스는 이렇다 할 설화가 없다. 꽃말은 '소녀의 순정'이다. 신의 서툰 첫 작품이라 그런지 그다지 화려하지는 않지만 여리어서 더 정감이 간다.

코스모스 꽃 필 무렵이면 가을 운동회가 열렸다. 내가 겪은 운동회, 그날 추억은 코스모스처럼 가냘프고 애련하다. 혼자였기 때문이다. 친구는 어머니 손을 잡고 뛰었지만 나는 그럴 수 없었다.

어머니는 먼 나라로 가셨고, 농사일에 땀 씻을 겨를이 없던 홀아버지는 운동장에 올 겨를이 없었다. 엄마가 그리웠다. 집에 돌아가면서 길섶에 핀 코스모스를 애꿎게 툭툭 걷어차면서 잠자리를 쫓았다. 설움이 북받쳐 터벅터벅 걷는 발길이 천근만근 무거웠다. 그런 날도 아버지의 호령이 두려워 꼴 베러 들로 나서야 했다.

한편으론 코스모스와 살갑게 지내지 못한, 공직생활 한때 일이 떠오른다. 88서울올림픽을 유치하고 나서 그 준비를 본격화할 무렵이었다. 손님맞이를 한다고 정부에서 '전 국토 공원화 운동'을 벌였다. 도로변 갓길을 그냥 맨땅으로 두어서는 안 된다며 꽃길로 조성하라는 게 정부의 지시였다. 꽃씨 모으기 운동이 벌어지고 온 기관단체가 꽃 가꾸기에 매달렸다. 그때 가장 많이 심었던 꽃이 코스모스였다. 흔하기도 했지만 척박한 토질에서도 잘 자랐기 때문에 도로변 메마른 땅에 심어 가꾸기는 안성맞춤이었다. 그 일이 평창읍사무소 '새마을계' 소관이었는데, 내가 실무자였다. 이른 봄부터 꽃모를 길러, 심고, 가꾸고, 거두는 일이 일과였다. 작업복 출퇴근을 다반사로 했다. 지겹고 짜증이 나고 싫었다.

한 해가 갈 무렵이면 상급기관에서 국토공원화사업에 대해 평가를 했다. 코스모스는 큰상을 한 번도 안겨주지 않았다. 서리 맞아 축 처진 코스모스를 거두면서 투덜거렸다. 상복이 없다고. 손 비비는 재주 없음을 탓하기도 했다. 운동회 끝나고 집에 돌아가면서 코스모스를 걷어차던 마음과는 또 다른 억하심정으로 서리 맞은 꽃대를 뭉개었다. 그때 코스모스와 애환을 함께 나누던 선후배들…. 세월이 흘러 이젠 모두 현직에서 물러나고, 몇몇 선배는 세상을 떠났다.

언제나 가을이면 곳곳에서 하늘거리는 코스모스. 한때 밉살스럽게 보이기만 했던 코스모스. 요즈음 여기저기서 코스모스 축제 소식이 들려 뒤숭숭하다. 어느 날, 평창 나들잇길에 코스모스 축제장을 만났다. 횡성 문재 자락의 한 동네에서 몇 해째 벌이는 행사다. 길옆 널찍한 코스모스꽃밭에 길손이 들러 사진 찍으면서 즐기고 있었다. 한편에선 부녀자들이 땀을 뻘뻘 흘리고…. 그 풍경이 그다지 고와 보이지 않고 씁쓰레한 기분만 들었다. 코스모스와 다투던 옛 생각이 떠올라서일까, 선뜻 축제장 안으로 발길을 들일 수 없었다. 옛적, 내가 코스모스와 이런저런 추억을 쌓아갈 때는 축제라는 걸 모르고 살던 시절이었다.

민선 시장, 군수를 뽑고 나서부터 이름 가진 모든 것을 내세워 동네마다 축제판을 떠벌인다. 지방경제를 살리겠다는 명분이지만, 지방자치의 큰 병리 현상이다. 꼭 꽃을 두고 축제를 열어야 할까. 마음의 고향에 살아 숨 쉬는 코스모스가 왜 이런 난장판의 구경거리가 되어야 하는지. 고향 마을의 울이나 길섶에서 누가 가꾸지 않아도 홀로 자라 핀 꽃들이 얼마나 아름다우냐. 꽃은 그냥 꽃으로 두고 볼 일이다. 왜 돈벌이나 볼거리의 대상으로 삼나. 변해버린 세태가 얄궂다.

하지만 이런 애상은 어쩌면 나 혼자만의 넋두리일 뿐이리. 훌훌 벗어버리자. 파란 하늘을 오래오래 보고 싶다. 올가을보다 내년

가을이, 그 가을의 코스모스가 더 찬란하기를 기다리면서 한 시인의 시구를 떠올려 본다.

'내려갈 때 보았네. 올라갈 때 보지 못한 그 꽃.' ❡

(2013. 12. 하서문학)

대통령 나무

우리 동네 시장 들어가는 길목, 큰길가에 느티나무 한 그루가 홀로 서 있다. 큰길 바깥쪽으론 허름한 건물 하나가 보인다. 잡초 무성한 그 주변은 썰렁하기만 하다. 낡은 건물은 쓰지 않으면서도 헐지 않은 문막파출소 옛 청사다. 주위 정황으로 볼 때 이 청사 마당이 느티나무의 생가터인 듯하다.

나무 둘레가 한두 아름쯤 되어 보인다. 두꺼운 이끼를 뒤집어쓴 밑동이 지난 세월을 한껏 자랑하고 있다. 어른 어깨높이에서 네 갈래로 갈라진 나뭇가지 몸통은 장정 허벅지만 하다. 족히 환갑나이는 넘어 보인다.

이 나무를 처음 만난 때는 이 동네로 이사 오던 해 어느 봄날 오후였다. 이발소에서 머리치장을 하고 집으로 돌아오는 길, 상쾌한 기분으로 이 나무 밑을 지나는데 오석(烏石)으로 만든 자그마한 표석이 눈에 띄었다. 눈여겨 살펴보니 이런 글귀가 새겨 있었다.

'이 수목은 1957년 4월 5일 초대 이승만 대통령이 하사하여 지금 이 자리에 식재된 수목입니다.'

뜻밖의 놀라운 발견이었다. 1957년도 식목일에 이승만 초대 대통령이 하사한 나무. 그 해라면 내가 네 살 때로 56년 전 아득한 옛날이다. 그때, 그 이후, 이 나무에 어떤 일이 있었던 걸까. 누구 하나 눈여겨 살펴보지 않는 시장 한구석에서 비바람 견뎌내며 오랜 세월 용케 살아남은 이력이 궁금해졌다.

어떻게 알아보나. 이 궁리 저 궁리 하여 보나 마땅치 않다. 나이 지긋한 토박이 어르신들에게 알아보는 게 지름길이겠으나 이사 온 지 얼마 되지 않아서 아는 분이라곤 없다. 동네 이장을 찾아가 혹시 이 나무 내력을 아느냐고, 잘 아는 사람 누가 없느냐고 물어볼까나. 초면에 대뜸 그런 말 꺼내기도 뭣하다 싶고 용기가 나지 않는다.

혼자서 끙끙거리다가 혹시 인터넷에 단서가 될 만한 자료가 있지 않나 싶어 찾아보기로 했다. 원주시와 문막읍사무소 누리집, '다음'과 '네이버' 따위 누리망의 검색창을 두드려 보았다. 문막도서관에서 원주시지와 문막읍지도 열람해보았다. 아쉽게도 그 내력을 알 수 있는 자료를 어디에서도 찾을 수 없었다. 궁금증을 덮을 수밖에….

이러는 과정에서, 그래도 몇 가지 제법 쏠쏠한 정보를 얻을 수 있어 얼마간 위안이 되었다. 이승만 대통령의 나무 사랑하는 마음을 알게 되고, 이 나무의 내력을 짐작할 수 있는 해묵은 신문기사를 찾은 게 그것이다.

이승만 대통령의 나무 사랑하는 마음이 담긴 어록을 보자. 식목일을 공휴일로 지정한 이 대통령이다. 어느 해 식목일 즈음 '애국애족 정신으로 나무를 애호하자', '사람마다 적어도 여섯 주씩 나무를 심고, 하나도 베지 말기를 작정하며, 남녀노소를 물론 하고 나무를 보호하고 살리는 것을 직책으로 알아야 할 것입니다'라는 말씀을 하셨다고 한다. 한국전쟁 동안에도 나무를 심자고 역설하며 어김없이 식목일 행사를 치렀다고 한다.

이 나무의 내력을 짐작하게 하는 몇몇 신문기사…. 1997년 12월 11일 자 경향신문에 「1957년 식목일 때 대통령이 파출소에 선사하여 '이승만 나무'라 부르는 성북파출소 앞에 있는 고목이 고사할 위기에 놓이자 생리 증진제를 긴급 투여하며 나무 살리기에 나섰다.」는 기사가 실렸다. 가까이는 2010년 9월 8일 자 강원일보 사회면. 「1950년대 후반 이승만 대통령이 춘천 서면파출소에 내려주었던 느티나무가 고사하려고 해서 한바탕 소동이 벌어졌다」는 보도.

이런 기사에서 공통으로 발견한 점은 1950년대, 이승만 대통령, 경찰관서가 등장한다는 점이었다. 이 나무의 표석에 새긴 글 내용과 엇비슷하다. 미루어 볼 때 이승만 대통령이 1957년도 식목일에 경찰관서 곳곳에 어린나무를 하사하지 않았나 싶다. 이 느티나무도 그때 문막파출소에 하사한 것이구나 하는 심증을 갖게 한다. 그렇게 생각하니 이 나무가 대단한 명물이구나 하는 느낌이 절로 듦을 숨길 수 없었다.

나는 때때로 이 나무 곁을 오간다. 그때마다 나무를 두루 살피는데, 이런저런 생각에 젖으며 이 대통령의 발자취를 더듬게 된다. 항일 독립운동, 8·15광복, 대한민국 건국, 한국전쟁, 4·19혁명…. 피 말리는 역사의 소용돌이를 굳건히 헤쳐 나온 우리나라 건국 대통령이다. 그런데도 그 공과가 제대로 대접 못 받고 있어 가슴을 저미게 한다.

4·19혁명 때 분노한 군중이 곳곳에 서 있는 대통령 동상을 내동댕이쳤다. 독재자로 낙인찍어 망명길로 떼밀었다. 끝내 생전에 고국 땅을 밟지 못하고 이국에서 눈 감으신 대통령. 예나 지금이나 그 공을 지나치게 헐뜯고 허물을 터무니없이 부풀린다. 태어나신 지 한 세기, 돌아가신 지 반세기가 지났건만 아직도 공과를 다투는 갈등의 회오리가 끊이지 않고 몰아친다. 서울 남산에 이 대통령 동상을 다시 세웠다는데 장장 50년이나 걸렸다. 변변한 대통령 기념관 하나 없다. 국사 교과서를 두고 편 갈라 다투는 꼴을 보라. 누가 뭐래도 이승만 대통령은 우리나라 건국의 아버지다. 세상에 아비 없는 자식이 어디 있느냐.

그 아버지, 건국 대통령의 유산이 내가 이사 온 동네에 있다는 것이 참 자랑스럽다. 한편으론 내가 그 나무에 베풀 수 있는 게 별로 없어 부끄럽다. 누군가 나무 가꾸는 일을 해야 할 터인데…. 그 나무에 이렇다 할 이름이 없다. 납작 엎드린 손바닥만 한 표석

말고는 아무런 장식도 없다. 그 주변은 자동차 소음으로 매우 소란스럽다. 남향으로 뻗은 나뭇가지 몇 가닥이 말라 죽은 채 흔들거려 흉물스럽다. 몇 해 동안이나 그렇게 지내오지 않았나 싶다. 올해도 그냥 그대로 지나가려나. 손질하려는 낌새가 안 보인다.

건국 대통령을 제대로 섬기는 일, 제 부모를 섬기듯 국민이 해야 할 도리이리. 그런 마음에서 이 나무는 우리 동네 주민이 알뜰살뜰히 가꿔야 하지 않겠나. 얼마 전 읍장이 새로 부임했다던데 만나볼까나. 이 느티나무를 '이승만 나무'라 이름 짓자고 제안해 보아야겠다. 아담하게 보호책을 둘러주고, 표석을 다듬고, 길손도 잘 볼 수 있게 이름표를 달아 주자고 졸라보아야겠다. ❡

(2013. 12. 하서문학)

❡ 100고갯길을 걸으며

아주 고요한 어느 여름날 아침, 상쾌한 기분, 설레는 마음으로 길을 나섰다. '강원 숲 사랑회' 숲길 걷기 모임이 있는 날이다.

오늘 걷는 길은 원주 굽잇길 1호 '100고갯길'이다. 원주시에서 지정한 굽잇길 25길 가운데 1호 길, 그 이름이 '100고개'라는 점이 흥미롭다. 왜 100고개라 이름 지은 걸까. 그만큼 고개가 많아서일까. 그 고지가 높고 험해서인가. 어떤 길인지 퍽 궁금했던 100고개 굽잇길, 꼭 걸어보고 싶던 길이다.

집결지인 평원어린이공원에서 만난 일행은 10여 명 남짓으로 단출하다. 수인사를 나누면서 잠깐 공원 주변에 흩어진 쓰레기를 줍고 100고갯길 들머리로 갔다. 달랑 방향표지 하나만 서 있는 들머리가 좀 썰렁하다. 다른 데로 옮긴 원주시 활터였던 '학봉정', 쇠락한 건물이 눈에 거슬린다. 용도 폐기했으면 아예 철거하여 고갯길 찾는 탐방객들의 쉼터로 가꾸면 얼마나 좋을까 하는 생각이 들었다.

100고갯길 방향 표지를 따라 가파른 나무계단을 얼마간 오르니 '봉산뫼'라는 표석이 보이는 쉼터가 나왔다. 여기가 100고갯길 첫 걸음을 떼는 '20고개'이고 봉산(鳳山)의 정수리라고 한 일행이 일러준다. '봉산뫼'라는 표석이 낯설다. '뫼'가 '산'이고, '산'이 곧 '뫼'가 아니던가. 왜 '산' 뒤에 '뫼'라는 이름을 덧붙여 부르는지 모를 일이다. 잠시 생각에 젖는다. 굽잇길 안내서에서 미리 살펴본 '100고갯길' 설명을 되새겨 본다.

원주시에서 선정하여 닦아 놓은 원주 굽잇길은 모두 25곳이다. 그 가운데 1호가 이 100고갯길, 1호로 대우받는 특별한 이유는 없는 듯하다. 국보 1호가 남대문인 것이 그렇듯이. 봉산동 치악로에서 봉산1길로 접어드는 길목이 시점이다. 여기 20고개를 지나 40, 60, 80, 100고개를 올랐다가 서쪽 영재 고개로 내려가 태장동 약수터에서 끝나는 6.8㎞코스다. '100고개'라 이름 지은 사연은 무엇일까. 이 고개를 이루는 산의 생김이 '봉(鳳)' 같다 하여 '봉산(鳳山)'이라 불렀고 그 끝 봉우리를 '봉산미(鳳山尾)'라 한다. 그 산 이름을 따서 주변 마을이 '봉산동(鳳山洞)'이 되었다. 주위에 산이 많고 굽이굽이 고개가 많아 100고개라 부른다나. 싱겁기 그지없는 설명이다. 굳이 그 연유를 찾아 무엇 하랴.

일행 중 젊은 어느 한 사람이 가다 힘들면 40고개나 60고개에서 되돌아오자고 한다. 나이 지긋한 한 분은 자신이 곧 칠순을 맞는데 100고개는 욕심이고 80고개까지는 가봐야 하지 않겠느냐며 그럴 수 있을지 걱정을 한다. 나는? 이제 60고개를 갓 넘었으니 몇 고개를 목표로 잡을까나. 세상사가 작심하는 대로 될 리가 없겠지. 80고개를 뛰어넘어 100고개를 목표 삼고 싶다만 과유불급이라 하지 않더냐. 이런 궁상을 떠는데 회장이 오늘 목표는 100고개가 아니라 80고개라며 갈 길을 재촉한다. 일행은 너털웃음을 터뜨렸다.

다음 고개는 40고개. 아주 천천히 발길을 옮기며 40고개 표지판을 스친다. 이상하다. 30고개는 왜 없는 걸까. 그러고 보니 고개 이름을 20단위 짝수로 붙였다. 20, 40, 60, 80, 100 이렇게 말이다. 그 연유를 아는 일행이 없고 알아볼 길도 없다.

둘이 나란히 걷기에는 좀 비좁은 흙길이 구불구불 이어진다. 하늘을 찌르는 잣나무 숲이 장관이다. 잣 향기가 물씬 풍기고, 슬퍼서인지 기뻐서인지 귀청을 때리는 매미 소리가 숲속의 고요를 깨뜨린다. 맴 맴, 매-에-앰…, 맴. 예나 지금이나 매미 소리는 정겹다. 길손의 땀방울을 다독이고 여름 한낮의 잠자리를 아늑하게 만든다. 나는 그런 소리 들려주고 구슬땀을 식혀주는 여름 숲을 좋아한다.

얼마 걷지 않아 40고개에 올랐다. 올랐다고 말하기 좀 부끄럽다. 평지나 다름없는 완만한 길로 쭉 걸었기 때문이다. 이런 길이 내 체질엔 딱 맞다. 아주 높지도 그리 낮지도 않은 부드러운 흙길로 내딛는 발길, 걸음걸음이 홀가분했다.

다시 60고개로 향한다. 중간 지점쯤 공동묘지를 가로지르는 샛

길이 나왔다. 잠시 숲속을 벗어나야 했다. 뻥 뚫린 하늘, 구름 사이로 내리쬐는 햇볕이 따갑다. 그 또한 묘미가 있다. 다닥다닥 붙은 묘지, 풀숲으로 변한 묏등이 서럽다. 누가 보아도 명당자리는 아니고 그 형세로 보아 명문세가의 조상 무덤은 아닌 듯하다.

묘지 샛길을 지나 한참을 걸어 60고개를 만났다. 고갯마루가 꽤 널찍하다. 운동기구도 여러 점, 걸터앉을 의자도 넉넉하다. 사람에게도 나이 예순 살, 이순은 각별하다. 요즘 제2 인생의 첫걸음이 예순 살이라 그러면서 노년이라 하지 않고 '6075 신중년' 세대라고 한다던데. 여기 60고개를 사람들은 어떤 마음으로 오갈까. 벅찬 사람은 여기서 되돌아가고 힘 있고 용기 있는 사람은 80고개를 향할 것이다. 100고개까지 가는 이도 있으리. 쉼터 한편에 '원주 산우회 노래' 간판이 보였다. 이런 노래도 있었구나, 가사를 훑어보았다.

'너도나도 일어나 산에 오르세. 간 곳마다 웃음 있네. 인정도 있네. 끌어주고 밀어주며 서로 도와서.' 이런 구절이 눈에 띈다. 오늘 우리도 웃음과 인정이 넘치는 한때를 즐기는구나. 이런 순간이 자주 있기를 빌었다.

한참 쉬고 서둘러 80고개 가는 길로 나섰다. 오던 길에 군락을 이뤄 몸매 자랑하던 잣나무는 듬성듬성하고 소나무와 참나무가 빽빽하다. 소나무는 주로 리기다소나무, 이 나무는 만고에 쓸모없는 나무라고 누군가 말한다. 펄프 용재로만 겨우 쓰이는데 그나마 넉넉한 대접을 못 받는다나.

옛 생각이 났다. 어릴 적 동네 산은 모두 벌거숭이였다. 1970년대 초 공직에 발 들여 놓을 무렵이다. 정부에서 화전 정리를 하면서 대대적으로 치산녹화 사업을 벌였다. 그때 주목받던 나무가 리기다소나무였다. 척박한 땅에도 뿌리 잘 내렸다. 생장 속도가 무척 빨랐다. 온 산에 리기다소나무를 심었다. 그 덕분인지 산은 날로 푸르러졌다. 이 고갯길을 뒤덮은 리기다소나무도 아마 그 무렵에 심은 것이리. 천대받는 줄 아는지 모르는지 갖은 풍상을 겪으면서도 잘 자라 이순 나이가 거의 다 된 리기다소나무 숲길을 걷는 감회가 남다르다.

80고개 가는 길은 좀 멀기도 하려니와 꽤 가파른 언덕길을 몇 번인가 오르내려야 했다. 한참 땀 흘리며 걷는데 70고개가 나타난다. 이상하고 궁금하다. 20단위로 고개 이름 짓다가 왜 80고개 앞에 70고개를 만든 것일까. 인생살이가 그렇듯 60고개에서 80고개 가는 길이 워낙 험하니 좀 쉬어가라고 만든 것이겠지. 예부터 '인생 칠십 고래 희'라 하지 않더냐. 여기 70고개에서 인생살이를 곱씹어 보라는 것이리라.

다시 갈 길을 재촉했다. 얼마간 걷다 보니 '전망고개' 쉼터다. 치악산을 가장 가까운 데서 조망할 수 있는 곳, 동편 저쪽 치악산 능선이 한 손에 잡힐 듯 눈앞에 다가온다. 그야말로 장관이다. 저기가 비로봉이고 저기가 향로봉, 남대봉…. 한 일행이 가리키는 손짓 따라 고개를 끄덕인다. 속으로 아! 하는 탄성이 절로 나온다. 저 산 너머 너머가 내 고향 평창이라는 생각이 스친다. 나이 들면 고향으로 돌아간다고들 하는데 나는 어쩌자고 고향을 떠났는지….
순간 밀려오는 착잡한 마음을 달래야 했다. 간밤에 거친 바람이 불었었나. 쉼터 주변에 떨어진 참나무 가지 부스러기와 도토리 알갱이가 밟힌다. 도토리 줍기를 참 좋아하는 아내 생각이 났다. 몇 알을 주워 주머니에 넣고 터벅터벅 걸었다.

드디어 오늘 목표 지점인 80고개에 올랐다. 땀방울이 송송 맺힌 이마를 손등으로 훔친다. 나도 일행도 만면에 웃음이 가득하다. 온 가슴이 다 후련하다. 한편으론 미련이 남는다. 조금만 더 가면 100고개를 만나는데 여기서 돌아서다니. 하지만 어쩌겠나, 그래야겠지. 인생살이가 그렇듯 마냥 오를 수만은 없지 않으냐.

100고개까지 못 간 아쉬움을 뒤풀이로 달랬다. 막걸릿잔 부딪는 소리가 상쾌하다. 100고갯길을 위하여, 구구 팔팔을 위하여, 숲 사랑을 위하여! 여러 번 건배 잔 부딪치는 소리가 맑게 울려 퍼졌다. ❡

(2014. 11. 한국수필)

상사화, 그 애틋한 이름이여

첫서리 소식이 들리는 한로(寒露) 철이다. 어느덧 가을을 예순 번이나 맞고 보낸다. 올가을은 어떻게 보낼까. 지난 봄여름 내내 여기저기서 꽃축제 벌인다고 소란스럽더니 이젠 단풍축제가 법석거리겠지. 축제 공화국 대한민국, 뭐든 형체가 있는 것이라면 다 끌어다 축제를 연다. 먹고, 입고, 보고 즐기는 모든 것들이, 유형물이든 무형물이든 축제의 소재가 된다. 지방자치 한답시고 시장, 군수를 주민 손으로 뽑고 나서부터다.

나는 축제를 별로 달가워하지 않는다. 어떤 축제가 아무리 좋다 해도 선뜻 발길 내키지 않는다. 그렇긴 하지만 단 하나 꼭 보고 싶은 축제가 있다. 선운사, 불갑사 등지에서 열리는 상사화 축제다. 해마다 가본다 해놓곤 올해 또 놓치고 말았다. 사진으로 보는 붉게 불타는 상사화 군락이 장관이다.

축제 가보고 싶도록 상사화를 좋아하게 된 동기는 그 꽃과 맺은 남다른 인연과 애틋한 이름 때문이다. 이야기를 꺼내기 전에 알아볼 것이 있는데 정답을 찾지 못하겠다. 무척 헷갈린다. 불갑사 등지에 군락을 이룬 꽃이 상사화냐, 꽃무릇이냐. 뒤져보니 꽃무릇과 상사화는 종이 다르던데, 그곳에 피는 꽃은 석산화(石蒜花)라고도 하는 꽃무릇이 맞는 듯한데, 왜 상사화 축제라 하는지 그 까닭을 영 모르겠다. 따져 가리기 골치 아프다. 시시비비는 덮어두자. 내가 연을 맺은 꽃은 꽃무릇(석산화)이 아닌 상사화(相思花)다.

작은 정원이 딸린 평창 고향 집에서 살 때다. 어느 후덥지근한 여름날 아침, 정원에서 잡초를 뽑는데 어떤 낯선 풀싹이 고개를 뾰족이 치밀고 올라오는 게 보였다. 봄철이 한참 지나 싹 트는 게 신기했다. 그 생김이 여느 화초의 새싹과 달리 볼그스레한 게 금방 터뜨릴 꽃망울과 흡사했다. 호기심에 손가락으로 매만지며 주변 흙을 파헤치다 잘못 건드려서 하나를 부러뜨렸다. 얼마나 죄스럽던지….

며칠이 지났다. 새싹이 연두색 꽃대로 변하여 꽃봉오리를 이고 불쑥 자라더니 연분홍 색깔의 고운 꽃을 피웠다. 잎은 하나도 없이 꽃대 홀로인 것이 퍽 이채로웠다. 아내에게 무슨 꽃이냐, 당신이 심었느냐 물으니 모른다며 뜻 모를 웃음만 지었다. 내가 심지도 않고 아내도 모른다는데 대체 어디서 난 것일까.

끝내 이 꽃이 내 작은 정원에 뿌리내린 까닭은 알 길이 없었고, 이름이 상사화라는 것은 꽃이 지고 난 한참 후에야 알게 되었다. '이룰 수 없는 사랑', 이름과 같이 알게 된 꽃말이 가슴을 울렸다.

애틋한 이름이다. 꽃말에 얽힌 애달픈 전설이 있었다.

어떤 처녀가 수행하는 어느 스님을 사모하였다. 하지만 그 사랑을 전하지 못하고 시들시들 앓다가 눈을 감고 말았다. 어느 날 그 스님 방 앞에 이름 모를 꽃이 피었다. 상사병으로 죽은 처녀의 넋이 꽃이 되었다고 사람들이 전했다. 반대로 스님이 세속의 처녀를 사랑하다가 입적한 자리에 핀 꽃이라는 설도 있다. 어느 설이나 스님과 세속 처녀의 이룰 수 없는 사랑 이야기다. 이래서 절 부근에 이 꽃이 군락을 이루고 사는가 보다.

'화엽불상견(花葉不相見)' -잎 지면 꽃 피니, 잎과 꽃이 서로 만나지 못하고 그리워만 한다 해서 상사화(相思花)라 부르는 꽃. 그 이름과 내력을 알고 나서부터 정원의 다른 꽃나무보다 더 많은 손길을 주게 되었다. 상사화는 정을 함빡 받아서인지 무성하게 잘 자랐다. 두어 꽃대가 다음 해 대여섯으로 불어나 꽃을 피우더니 몇 해 가지 않아 자그마한 군락을 이뤘다.

그러던 어느 해 가을날 고향 집을 떠날 일이 생겼다. 머리 희끗희끗해지면 다들 고향에 돌아간다고 하더라만 무슨 팔자라서 떠나야 하는지 자책을 하면서 짐을 꾸렸다. 새로 마련한 집은 인근 도시 근교의 한 아파트.

반백여 년을 살던 터라 정든 게 어디 한둘이더냐. 그중에서도 작은 정원과 헤어져야 함이 못내 아쉬웠다. 산철쭉, 진달래 그 어여쁜 모습을 어디서 다시 보랴. 라일락 꽃향기가 참 고왔는데, 손질 잘한 주목이 제법 조형미를 갖춰 가는데…, 다 데리고 갈 수 있으면 얼마나 좋으라만. 텃밭이 있고 뜨락 딸린 집이 아니어서 그럴 수도 없고….

무엇보다 애지중지하던 상사화를 더는 볼 수 없는 것이 얼마나 애석하던지. 궁리 끝에 상상화 등 아끼던 몇 가지 화초를 화분에 담아가기로 했다. 보드라운 정원 흙을 화분에 채우고 정성스레 옮겨 심었다.

아파트로 같이 이사 와서 베란다에 터 잡은 상사화는 다음 해 봄 싱싱한 새싹을 보여주었다. 한창 자라다가 한여름에 잎이 사그라지고. 평창 고향 집 정원에서 자라던 그 모습 그대로 고운 모습이었다. 곧 꽃대가 고개 내밀어 영롱한 꽃망울을 터뜨리겠지. 그러나 그 기대가 허물어졌다. 웬일인지 첫해는 꽃을 피우지 않았다. 변한 환경에 적응하지 못하는 스트레스가 심해 그런가. 내년에는 피겠지. 그러나 다음 해도, 그다음 해도 잎은 피고 사그라졌으나 꽃대는 끝내 올라오지 않았다.

누군가에게 물어보니 너무 따뜻한 곳에 두어 그럴지 모른다고 했다. 겨울에도 봄날 같은 따뜻한 상온이 지속하는 환경에서 자라면 꽃을 못 피울 수도 있단다. 혹독한 추위를 견뎌내야 하는데 일종의 춘화(春化)처리가 안 돼서 그렇다는 것이다. 맞는 말인 듯했다. 꽃을 피우지 않긴 같이 옮긴 영산홍도 마찬가지였다. 꽃나무가 꽃을 피우지 못하면 무슨 짝에 쓰랴.

그렇더라고 정들대로 정들었는데 어찌 야멸차게 버릴 수 있나. 궁리 끝에 아파트 정원에다 옮겨심기로 했다. 늦가을 첫서리 내릴 무렵, 거실에서 바로 내려다보이는 잔디밭에다 상사화 알뿌리를 파묻었다. 누가 볼까 눈치 보며 땅을 파면서 내 멋대로 심고 가꿀 수 있는 땅 한 평 없는 설움이 북받쳤다.

이듬해 이른 봄 상사화 새싹이 트고, 봄철 내내 싱싱한 이파리를 선보였다. 화분에 갇혀 자랄 때와는 다르게 훨씬 튼실한 모습이었다. 한겨울 추위를 견뎌내는 춘화 과정도 걸쳤으니 틀림없이 꽃을 보리라는 기대가 컸다.

호사다마라더니 이게 웬 변고냐. 어느 날 외출했다가 돌아오니 상상화 이파리가 싹둑 잘려 여기저기 팽개쳐 있는 게 아닌가. 정원 관리하는 인부가 잔디를 깎으면서 잡초와 화초를 가리지 않고 모조리 베어버린 것이다. 통탄할 일이지만 어쩌랴. 꽃 심은 데가 내 땅이 아니니. 봄여름 지내는 동안 잔디 깎기를 한두 번만 하는 게 아니었다. 웽웽, 앵앵. 예취기 엔진 소리 드높이 들릴 때마다 상사화 이파리는 여지없이 잘려나갔다.

이렇게 여러 번 시달림을 당하던 상사화는 끝내 꽃 한번 피우지 못한 채 죽어버리고 말았다. 데리고 오지나 말 것을. 어찌 용서받을 수 있으랴. 바깥나들이 할 때마다 상사화가 자라던 그 자리를 애석한 마음으로 바라보게 된다. 내 멋대로 심고 가꾸던 뜨락 딸린 고향집이 그립다. 이제 잎도 꽃도 다 못 보게 되었으니 어쩌나.

부질없는 소망을 웅얼거려 본다. 상사화여! 잎과 꽃이 아울러 피고 지는 꽃으로 환생하라. 다시는 나같이 어수룩한 사내와 만나는 일이 없기를 바란다. ❡

(2014. 12. 하서문학)

평창강 종부 나루

평창의 진산인 노산(魯山)을 감돌아 평창강이 흐른다. 저 멀리 계방산에서 발원한 속사천과 흥정산에서 발원한 흥정천이 금당계곡에서 합치면서 '평창강'이라는 이름을 얻었다. 협곡을 숨 가쁘게 내달리다 들판을 만들어 놓고선 산부리에 가로막혀 지름길로 내닫지 못하고 'S'자를 그리며 곡류로 흐른다. 그 곡류 안팎에 크고 작은 마을이 만들어졌다. 평창읍의 40여 개 마을 가운데 이 강을 끼지 않은 마을은 동서 양쪽 끝에 있는 대여섯 마을뿐이다.

가난했던 시절, 이 강변 마을 곳곳에 살던 사람들의 유일한 교통수단은 나룻배였다. 삶의 터전이었던 나루터와 나룻배에 얽힌 이런저런 사연이 이 마을 저 마을에 배여 있다. 언제 누가 들어도 참 정겹고 삶의 냄새가 절로 풍기는 고향 이야기다. 이제는 아무도 그 이야기를 만들 수도 들을 수도 없다. 시멘트 다리가 나루자리를 빼앗았기 때문이다.

올여름, 마른장마가 기승을 부리던 어느 날 평창 읍내를 다녀왔다. 세월이 화살 같다더니 그곳을 떠난 지도 어느새 5년이나 흘렀다. 떠날 때 자주 들르겠다고 다짐했건만 어디 그리되더냐. 한 해 서너 번 겨우 찾는다. 우회도로와 강변로가 만나는 길목, 강 한복판에 큰 다리를 놓는 공사가 한창이었다. 영월 가는 31번 국도 확장 공사 구간에 놓는 다리다. 옛적 섶다리를 놓았던 그 자리 바로 아래, 웅장한 모습을 드러낸 다릿발을 한동안 바라보는데 옛 생각이 절로 떠올랐다.

읍내 남쪽, 남산 기슭을 스치며 유유히 흐르는 평창강, 그 물길은 예나 다름없어 보였다. 그저 고요히 담담하게 흐르고 있을 뿐, 고향 떠난 길손의 마음을 아는지 모르는지…. 우리는 옛적에 이 강을 '사천강'이라 불렀다. 여기서 멱을 감고, 꺽지·뚜구리·쉬리를 잡고, '사천강 뚜꾸뱅이' 노래를 흥얼거리며 자랐다. 다리가 없던 그 시절 나룻배를 타고 내리던 종부 나루터가 눈에 선하다.

내가 오랫동안 터 잡고 살던 '종부'라는 동네, 읍내 남쪽 강 건너 마을이었다. 태 버린 고향은 아니지만, 반백여 년을 살아 온갖 애환이 서린 곳이다. 본고향은 여기서 한참 떨어진 대화면 소재지 북쪽 '신리'의 한 촌락인 '괴톨'이라는 벽촌이다. 앞산과 뒷산이 맞붙다시피 한 비좁은 골짜기 사이로 실개천이 하나 흐른다. 신리천, '천(川)'이라 부르기조차 옹색하다. 한걸음에 건너뛸 정도이니 도랑이라 함이 옳을 듯. 이런 산골짜기에서 10여 년 살다가 중학교 3학년 초에 이곳으로 이사 왔다.

이사 나오던 날, 처음 만난 평창강은 바다를 모르던 어린 눈으로 보기에 바다같이 보였다. 발목만 잠기는 얕은 개울물만 건너다니다가 그 깊이가 얼마나 되는지 알 수조차 없는 큰 강물을 대하니 그럴 수밖에. 물은 색깔이 없는 줄만 알았는데 넘실거리는 강물 색깔이 파란 게 퍽 신기했다.

읍내 중심지를 벗어나 방죽 아래 강나루로 갔다. 자그마한 나룻배가 우리 식구를 건네주었다. 난생처음 타 보는 배가 무서웠다. 늙수그레한 뱃사공이 '대화'에서 이사 오는 집이냐면서 우리한테 말을 건네며 반겼다. 노 젓는 사공의 팔뚝이 유난히 굵고 검어 보였다. 나중에 안 일이지만 그 사공의 뱃일은 가업이었다.

나루에서 내려 한참을 걸어서야 아버지가 마련한 새집에 당도했다. 기와집 꿈이 날아갔다. 살던 집도 초가였지만 그보다 더 초라한 낡은 초가집이 우리 식구를 맞이했다. 울퉁불퉁한 봉당 바닥이 참으로 밉상스러웠다. 아버지 위세에 눌려 불만스러운 낯빛을 드러낼 수는 없었지만 온 식구가 분을 삭이는 모습이 뚜렷했다. 끙끙거리며 짐 정리를 하는 둥 마는 둥 하고 새집에서 첫날밤을 지냈다. 그렇게 서러울 수 없었다. 한밤 내내 단잠을 이루지 못했다.

그날 이후로 나는 평창강 종부 나루와 단짝이 되었다. 안방 문턱인 양 하루에도 몇 번씩이나 들락거렸다. 학교 오갈 때마다 들러야 하니 그럴 수밖에 없었지만, 학교 가지 않는 날에도 나루터에 나가 있는 시간이 더 많았다. 태 버린 고향 '괴톨' 산골짜기 추억을 쉬 지우지 못해서, 나룻배를 타고 건너면 바로 고향으로 갈 수 있다는 생각에서 그랬을 것이다.

오가는 나룻배를 멀거니 바라보다 북녘 하늘 저쪽 산봉우리에 걸친 뭉게구름이 보이면 울컥 설움이 밀려왔다. 어려서 여읜 어머니가 저 구름을 타고 내려와 나룻배에 오를 것만 같은 환상을 떨치지 못해 오열했다. 영영 만나지 못할 어머니…. 어느 날 새어머니마저 나룻배를 타고 우리 곁을 떠났다. 세 번째 모시던 새어머니와는 5년 넘게 같이 살아 정이 들 대로 든 사이였다. 그날 뒤쫓아 나루터로 달려 나온 나와 여동생은 부둥켜안고 한참이나 울었다. 고등학교 2학년 무렵이었다. 이런 애환을 나누던 종부 나루도 변하는 세태에 밀려나게 된다. 새어머니가 떠나던 해에 이 나루 가장자리에 다릿발이 하나 서더니 이태 후쯤 다리가 완공되었다. 평창강에 들어선 마을을 오가는 첫 다리 '종부교'였다. 종부 마을 온 동네가 며칠간 잔치를 벌였다. 국회의원 끗발이 대단하긴 하다며 마을 사람들 칭찬이 자자했다.

종부 나루가 종부 다리에 자리를 넘겨주니 나룻배도 사라지고 나루터는 낚시꾼조차 발길 뜸한 풀숲으로 바뀌어 금세 황폐해졌다. 우리 이삿짐을 건네주던 뱃사공은 다리 완공을 얼마 앞두고 세상을 떠났다. 가업을 물려받을 자식이 하나 있었는데 일감이 없어지자 보따리를 싸고 어디론가 떠났다.

그때가 엊그제 같건만, 어느새 강산이 네 번이나 바뀌는 40여 년의 세월이 흐르니 나루 자리를 빼앗아 독차지했던 종부교도 그 수명이 다했다. 무너질까 염려되어 차량 통행을 전면 차단했다.

인도교로 전락한 다리 위론 오가는 행인조차 뜸하다.

저 아래쪽에 새로 놓은 아치형의 '평창교'가 눈앞에 다가선다. 그 겉모습이 장엄하기 그지없건만 왠지 썰렁해 보인다. 옛적 종부나루 사연을 알 리 없겠지. 아치에 걸린 홍보물 문구가 생뚱맞다. 여기가 'Happy 700 평창'이란다. 과연 그런가. ❡

(2014. 12. 하서문학)

북창에 기대서서

오늘따라 저 하늘은 왜 이다지도 새파란가. 북창 하나 달린 내 골방 안에서 하릴없이 서성이다가 괜한 푸념을 해본다. 늘 하는 버릇이다. 흐리면 어쩔 것이고 비 내리면 또 어쩔 것인가. 날씨가 어떠하든 나설 데 마땅찮아 갇혀 지내다시피 하면서 천리(天理)를 한 뼘도 그르치지 않는 우주를 탓하다니 벼락 맞을 일 아니냐.

그런 위인이 아님을 뻔히 알면서 내 처지가 '위리안치(圍籬安置)'라 함이 비웃음 살 일인 줄 왜 모르겠느냐만, 그와 진배없는 이 골방에서 창밖 낯선 풍경을 내다보며 보낸 세월이 5년여다. 매일 맞보는 저 '건등산' 능선과 그 산기슭 아래 펼쳐진 들판, 그만큼 가까이했으면 친해질 만도 하련만 아직도 고향 산천 대하는 것만 못하다고 불평이다.

하긴 그럴 수밖에 없기도 하다. 북창 바깥 바로 뒤편 방음벽 울타리 너머로 널찍한 도로가 들판을 가로질러 뚫려있다. 원주에서 서울, 인천 등지를 연결하는 4차선 자동차 전용도로다. 벌떼가 몰려다니는 양 자동차가 늘 붐비는 이 도로는 간간이 매미 소리 들을 수 있는 한적한 시골길과는 완전 딴판이다.

방음벽이 무슨 쓸모가 있나. 자동차 소음과 매일 전쟁을 치러야 한다. 한여름이라도 창문을 닫고 살아야 할 지경이다. 짝 찾는 개구리 울음소리 들어본 지가 언제던가. 가을밤 심금을 울리는 귀뚜라미, 여치 소리는 생각조차 못 한다. 저 들판 가운데 듬성듬성한 농가에서 새벽닭 홰치는 소리, 강아지 짖는 소리가 들릴만한데 이 또한 자동차 소음에 묻혀 분간할 수 없다.

고향 집에서는 역겹도록 듣던 이런 정겨운 소리 포기한 지 오래고. 하도 답답하여 언젠가 한 번은 망원경을 살까 하는 아주 멍청한 생각을 해본 적이 있다. 망원경 보기를 소일거리 삼아 종종 바깥을 살펴보는 것도 괜찮지 않겠나 싶었다. 바깥 풍경은 물론이려니와 이따금 도로를 오가는 자동차 번호를 확인해 보는 것이다. 어떤 자동차가 혹시 내가 아는 차 번호는 아닌지 기억을 더듬어도 보고, 그 차에 지인이 타고 있지나 않을까 살피면서 궁상을 떨어 보는 것도 괜찮을 듯하다. 아주 친한 친구가 타고 있는 걸 천행으로 확인한다면 '왜 이 길 지나면서 내겐 연락하지 않고 바로 지나치는 걸까. 바쁜 일로 가느라 그러겠지. 뭐.' 이런 혼자 생각에 빠져 보기도 하고….

그야말로 멍청한 생각이다. 창가와 자동찻길이 아무리 가깝다 하여도 쌩쌩 내달리는 자동차의 번호와 그 안에 타고 있는 사람을 망원경으로 본다고 어찌 식별할 수 있다는 말인가. 식별한들 어쩌겠다는 건가. 지인은 누구든 나를 기억해 주리라는 자만이 두렵다. 내 언제 누구에게 훈훈한 전화 한번 먼저 건 적이 있던가.

그러면서 웬 전화가 그리 많으냐. 넉 대나 되는구나. 옛날에 놓았던 KT 집 전화, 007 인터넷 전화, 휴대전화가 아내 거랑 두 대. 그런데 어느 한 전화는 벨 소리 울린 지가 언제인지 아득하다. 손에 쥐고 있다시피 하는 내 스마트폰 벨 소리도 뜸하다. 별로 쓰지 않아 요금이야 부담할 만하다만 한 대면 충분하지 않나. 몇 대는 해지해야겠다. 한두 대 없다 하여 못 볼 일거리도 없거니와 꼭 받아야 할 전화 못 받을 일도 없다.

계약한 적이 없지만 해지할 것은 골방 곳곳에 널려 있다. 우선 갈피 못 잡는 이 마음의 병부터 누구와 계약했는지 해지해야겠다. 한데 우습구나. 내가 나와 스스로 계약해 놓곤 계약 상대방을 찾다니… 해지 못 할 일인 줄 아나 보다. 큰일이다. 책장 몇 장 넘기면 졸리고, 서너 줄 끼적거리면 콱 막히고, 늡기가 다반사고, 죄 없는 아내 핍박하기 일쑤인 이 모든 해지 건이 마음의 병에서 오는 건데 어쩌나.

술친구나 찾아 나설까. 두서넛 사귄 친구가 있지만 매일 매시간 주거니 받거니 같이 나눌 수는 없는 일. 하늘은 여전히 구름 한 점 없이 푸르다. 어서 낙엽이 지고 북풍이 불며 눈발이라도 날려라. 날이 추워서 골방에 있다고 하면 남들이나 아내가 좀 이해해 줄 것이며, 나 자신도 마음의 위로를 받을지니 펑펑 쏟아져 한 길

넘게 쌓여라.

그런 어느 날이 왔을 때 나도 한번 북창이 맑다 하여 우장 없이 길 떠나는 '임제(林悌)' 흉내를 내볼까나. 떠나기는 한다 해도 내 무슨 복이나 재주가 있어 '한우(寒雨)' 같은 재원을 만나랴.

그 두 연인이 주고받은 시나 한두 수 되뇌어 보자. 그러면서 내 인생길에서 해지할 거리가 무언지 찾아보자. 이 가을이 더 저물기 전에 그 방도를 알아보기나 하자. 북창에 멀거니 기대서는 일도 좀 자제하면서.

임제(林悌)가 이렇게 읊조리니

북창이 맑다커늘 우장 업시 길을 난이
산에는 눈이 오고 들에는 찬비로다.
오늘은 찬비를 맞자시니 얼어 잘까 하노라.

한우(寒雨)가 화답하기를….

어이 얼어 잘이, 므스 일 얼어 잘이
원앙침 비취금 어듸 두고 얼어 잘이
오늘은 찬비 맛자시니 녹아 잘까 하노라.❡

(2015. 12. 하서문학)

❡ 송덕비 타령

바닷가에서 옛 동네 친구들과 오랜만에 모인 어떤 자리에서 지난날을 화제 삼아 술잔을 주거니 받거니 할 때다.

술기 오른 한 친구가 "너 '종부 운동장' 닦느라고 고생 참 많이 했는데 섭섭한 게 많지. 그때 동네에서 송덕비 하나 세워준다 안 그랬었나. 비는커녕 감사패 하나 받지 못하고 욕만 잔뜩 먹었지." 위로하는 건지 약 올리는 건지 이런 말을 꺼낸다. 대꾸하지 않고 피식 웃고 말았지만, 친구의 그 말 듣고 왠지 짠하여 연거푸 술잔을 비우며 울먹여지는 심정을 달랬다.

친구가 화두로 꺼낸 '종부 운동장'은 20여 년 전 내가 살던 집 뒤편 야산에 조성한 종합운동장을 말한다. 평창군청에 근무할 때 내가 그 터를 닦았다. 실무 책임자로서 입지 선정하는 일에서부터 기본계획 수립과 용지보상, 분묘 이전, 착공 등 건설 초기 업무를 거의 도맡아 했다. 이 업무에 직을 걸다시피 하며 몇 해 고생하다

준공이 거의 될 무렵 다른 부서로 옮겼으니 내 필생의 작품이라고 자랑할 만하다. 송덕비는 몰라도 공로패 하나쯤은 받을 만하지 않나. 그러나 이 일과 관련하여 그 어떤 비나 패는커녕 표창장 하나 받지 못했다. 그 친구의 말마따나 섭섭한 감정이 전혀 없지도 않지만 다 지난 일이다.

어디 공직 업무가 보상으로 값을 매기는 일이더냐. 한때 그런 섭섭한 마음이 내 가슴 한구석을 차지하고 있었다는 게 부끄럽다. 무슨 비나 패든 다 허망한 일, 뜬구름에 일장춘몽일 뿐이다. 한 줌 흙으로 돌아가면 그만인 인생사에서 한 키 될까 말까 한 돌에 비문 몇 자 남긴들 무슨 소용이랴.

그러면서도 내 그릇이 작아서인지 송덕비 얘기 꺼내는 그 친구 말이 빈말이 아니기 바라는 마음이 가슴 한구석에 여태껏 남아 그 때 겪은 여러 가지 일들이 머릿속을 맴돈다. 그 가운데 지금도 지울 수 없는 기억은 분묘 개장 업무를 수행하면서 맞닥뜨린 이런저런 사연들이다.

운동장 터는 우리 집 바로 뒤, 동네 동편에 있는 '모산'으로 불리던 야산이었다. 허가받은 공설이나 사설 묘지는 아니었지만 백여 기 넘는 유, 무연분묘가 널려 있는 공동묘지였다. 여기 묘지를 이전하지 않고는 사업 자체를 추진할 수 없는 일, 어떻게 그 많은 분묘를 큰 말썽 없이 처리하느냐가 무엇보다 큰 관건이었다.

공익사업에서 토지보상 업무가 어렵다지만, 특히 분묘 개장 사업의 어려움은 그 일을 직접 당해 보지 않은 사람은 감히 상상도 못 할 일이다. 토지보상은 어떻게든 보상금 넉넉히 준다며 성의껏 달래고 사정하면 토지주가 마음을 연다. 하지만 분묘 이장은 성의와 돈만으로 해결할 수 있는 그런 쉬운 일이 아니다.

이 일을 추진하면서 엄청난 고생을 했다. 너희 조상 묘라면 이런 몇십 만원 푼돈 받고 옮기겠느냐며 억만금을 준다 해도 절대로 파묘(破墓)는 못하니 어디 할 테면 해보라며 막무가내로 덤비기 일쑤, 사흘돌이로 사무실로 찾아와 소란 떠는 연고자들의 분통을 무슨 수로 풀어주겠나. 묘책이 정말 마땅치 않았다. 모두 다 자신이 지극한 효자, 효손이라면서 불효자 만들지 말라며 울부짖는 하소연에 두 손발 다 들려 때려치우고 싶은 마음 이는 때가 한두 번이 아니었다.

그렇다고 어찌 그만두랴. 당시 내 동네 사람은 물론 온 군민의 기대를 한몸에 받던 최대 숙원사업이자 내 명운이 걸린 일이기도 했기에 선불리 그만둘 수 없었다. 빈말인지 참말인지는 몰라도 동네 유지들 사이에서 내 송덕비 얘기가 심심찮게 오르내린다는 소문도 들리던 터, 잘하면 큰 보상이 따를지도 모른다는 속내가 있어서 그랬을까, 어떻든 손 놓지 못하고 그 일에 매이게 되었다.

유연 분묘 130여 기, 무연분묘 50여 기를 개장하는 이 사업은 갖은 우여곡절을 겪으며 부지 정지공사를 착공하고도 상당한 시일이 지나서야 마무리되었다. 그 후 본 공사는 순조롭게 진행되어 1993년, 착공한 지 3년여 만에 준공했다. 그해 가을 새로 닦은 널찍한 운동장에서 준공을 축하하며 치른 군민의 날 행사는 어느 해보다 풍성했다.

그 행사장에서 남다른 감회에 젖을 수밖에 없었던 나는 분묘 개장 과정에서 겪은 극명하게 대비되는 두 사례를 떠올리며 죽고 사는 문제가 무엇인가를 곱씹어 보았었다. 삶과 죽음의 길에서 명당이란 무엇이며 과연 소용이 있는가.

그 하나, ○○김 씨 문중묘지에 얽힌 사연. 끝까지 개장하지 않겠다고 떼쓰다가 공사 시작하고 한참 후에서야 마지막 남은 한 자리를 개장한 집안, 가장 내 속을 썩인 그 집안의 십여 기 분묘는 군데군데 몇 기씩 모여 있었는데 대부분 명당으로 보이는 자리에 터 잡고 있었다. 이 묘지 가운데 한 주인공이 내가 아는 농협 조합장이기도 한 그 집안은 평창 읍내에서 썩 괜찮은 명문가였다. 몇 대조 선조 누군가 꽤 높은 벼슬을 지냈다는 소문이 난 집안이고, 조상의 음덕을 받아서였는지 자식들도 출세했다고 할 만한 자리에서 거들먹거들먹하는 그런 집안이었다.

그런데 아주 유명한 지관이 자리 잡아 준 명당 어쩌고 하며 갖은 핑계로 못 옮기겠다던 그 명문가 문중묘지 대부분이 습혈(濕穴) 터에 자리했더라고 하면 누가 믿겠나. 세상사에 이런 아이러니는 그리 흔하지 않다. 협의가 이뤄진 한 묘지를 먼저 개장할 때다. 장마철도 아닌데 헐어내는 봉분 흙에 습기가 좀 있다 싶었는데 파내려갈수록 더 많아져 질척거릴 정도였다.

매장한 지가 몇십 년이나 되었다는데 명정이 썩지 않았다. 물먹은 관 뚜껑을 여니 시신 또한 음택 풍수에서 최하급으로 친다는 회골(灰骨), 시꺼멓게 변한 뼛조각에 채 썩지 못한 살점이 군데군데 붙어있는 모습의 유골이 보였다. 차마 눈 뜨고 바로 볼 수 없는 광경이었다. 명당 같은 겉보기와는 달리 흉당 터였기 때문이리.

개장 때도 부른 이 터를 잡았던 명지관이란 노인은 늙어서 그런지 어떤지 부들부들 손을 떨며 말 한마디 못하고 먼 산만 바라볼 뿐이었다. 그토록 드높던 문중의 개장 반대 목소리는 이 모습을 지켜본 이후 좀 수그러들었다. 하지만 한 후손은 파묘 조건으로 자기 사업의 공사권을 몇 건 달라며 끝끝내 반대하기도 했다. 종국에 개장한 그 사업가 후손의 조상 묘도 습혈이었다.

다른 하나, 어느 무연분묘 개장 사례. 이 동네에서 여러 대를 살아온 한 어른이 산기슭 어디쯤 논 가장자리에 봉긋한 풀숲이 하나 보이는데 무덤이 분명하니 그냥 뭉개지 말고 잘 수습해 보라 하셨다. 그 말을 아예 무시할 수 없어 그 어른을 분묘 연고자로 처리하여 입회하에 개장작업을 했다.

봉분으로 볼 수 없는 잡초가 무성한 흙무더기 위엔 팔뚝 굵기나 되는 잡목이 꽤 여러 그루 자라고 있었다. 겉흙을 걷어내고 조심스레 땅속을 파 보려는데 굴착기 삽날이 단단한 바위에 부딪히기나 한 것처럼 튕긴다. 몇 번을 세게 내리치고 나서야 겨우 손마디만 한 구멍이 뚫렸다. 그 틈 사이로 아스라이 피어올라 햇볕에 반사되는 서기(瑞氣)로 보이는 김 한 줄기가 눈앞에 아른거렸다. 내 이런 줄 알았다며 보기 드문 명당 터라 틀림없이 '황골(黃骨)'이 나올 것이라며 수선대는 어른의 말에 모두 들떴다.

예상외로 묘광(墓壙)이 단단해서 어렵사리 작업이 끝나 드러난 회곽(灰槨) 안의 유골은 어른이 예상한 대로 명당 터에서도 드물게 볼 수 있다는 '황골'이었다. 손마디 뼛조각 하나 흐트러지지 않은 채 본래 형태 그대로 누르스름하게 변한 유골은 마치 인체 뼈 표본 사진을 보는 듯했다.

돌이켜 생각을 정리해 본다. 절손되어 그런지 남은 후손이 불효막심한 후레자식이라 그런지 알 길 없다만 풀숲 더미 이 무덤과 앞서 말한 명문가의 저 무덤이 다를 바가 무어냐. 명당에 묻혔다 여겼던 명문가의 저 주인은 '회골'이 되고 흉당으로 볼 수밖에 없는 무명가문의 이 주인은 '황골'이 되었는데 대체 어디가 명당이고 어디가 흉당이란 말인가.

술김에 속없이 불쑥 던진 송덕비 어쩌고 하는 친구의 말에 귀가 솔깃했던 내 마음은 또 뭔가. 정말 동네에서 내 송덕비 하나 세워주길 바랐던 건가. 수신제가도 제대로 마치지 못한 주제에 가당키나 한 일이냐. 한 줌의 흙이나 재로 돌아가 끝내는 먼지로 흩어지고 마는 이 육신이 터 잡을 명당이 도대체 어디 따로 있더란 말이냐.

지금 이 순간, 바로 여기가 명당이라 여기고 공명을 다투지 않겠노라 하니 잠이 절로 온다. ❡

(2015. 12. 하서문학)

코피에 얽힌 사연

유치원 다니는 외손녀가 코를 후비는 야릇한 버릇이 있다. 때로는 좀 거칠게 콧속을 후벼 파다가 코피를 흘리곤 한다. 그러면 제 어미와 외할머니가 기겁하여 병원 어쩌고 하며 수선을 떤다. 매사에 무신경한 편인 나는 그럴 때마다 별것 아닌 거로 호들갑을 떤다며 되레 어미와 할미를 나무란다.

코피는 일상에서 종종 겪는 생리현상 가운데 하나다. 평생 코피 한 번 안 흘려보고 사는 사람은 아마도 없을 것이다. 일종의 병리 현상이기도 하지만 자주 흘린다 해서 죽을병에 걸렸다고는 보지 않는다. 코 흘리는 현상과 엇비슷하다고나 할까. 다른 데서 피가 나면 얼른 처치해야 하지만, 코피는 그다지 신경 쓰지 않아도 된다. 웬만하면 저절로 멈추기 때문이다.

이를 두고 우리네 삶을 빗대기도 한다. 밤새워 공부하거나 일했더니 코피 터졌다는 말을 자랑스레 하는 걸 더러 보았다. 뭔 일이든 코피 터지도록 열심히 하라는 어른들의 말씀을 들으며 살았다.

코피는 승패의 잣대이기도 하다. 어릴 적 누구나 한두 번쯤은 친구와 싸우다가 이것 때문에 지거나 이기거나 한 경험이 있을 것이다. 아무리 덩치 크고 힘센 사내라도 이것 한 방에 무릎 꿇는 경우를 꽤 보았다. 아이들 쌈판에서 코피는 승리의 상징이다.

하지만 '피박'에 코피 터졌다는 말과 같이 부정적인 이미지도 함께 지니고 있다. 고스톱 놀이판과 같은 인생살이, 매번 '쓰리고'의 대박만 있으란 법은 없다. 쌍코피 터진다는 말도 있다. 이는 운이 안 좋다거나 되게 재수 없다는 뜻으로 많이 쓰인다.

외손녀가 코피를 흘려 식구들이 소란 떨 때면 이런저런 코피의 이미지를 떠올리면서 지나온 삶을 돌아보게 된다. '나도 꽤 자주 코피를 흘리며 살았구나.' 하는 생각이 스친다. 소소한 거야 부지기수, 어찌 다 기억하랴. 그중에 한두 가지 코피에 얽힌 사연을 더듬어 보자.

한 사연은 친구 코피를 터뜨렸던 일, 중학교 3학년 때였다. 바로 뒷자리에 앉은 아주 짓궂은 친구, '쌈 대장'이라 별명 붙은 녀석과 싸움이 붙었다. 시험 치르면서 답안지를 슬쩍 보여준다 약속해 놓고 지키지 않았다는 게 발단이었다.

당시 나는 다른 학교에서 전학 온 지 얼마 되지 않아 절친한 친구가 없는 외로운 처지였다. 반면에 그는 태를 버린 고향에서 쭉 눌러살아 친구가 많았다. 말하자면 박힌 돌과 굴러온 돌의 사이였다. 그 친구는 키도, 덩치도 나보다 훨씬 컸다. 우리는 애당초 적

수가 될 수 없는 사이였다.

이런 상태에서 그가 먼저 건 싸움판이니 승패가 불 보듯 뻔했다. 기를 쓰고 덤벼 봐야 나만 손해일 터, 어쩌지 못해 맞붙기는 했지만 한두 대 적당히 얻어맞고 져주자 하는 속셈이 앞섰다. 두어 번인가 주먹과 발길질이 오갔다. 한데 웬일인가. 그 친구가 얼굴을 감싸 쥐더니 주저앉는다. 코를 움켜쥔 손가락 사이로 피가 보였다. 내 주먹이 어쩌다 친구의 코를 정통으로 맞춰 코피를 터뜨린 것이다. 피를 본 싸움판은 싱겁게 끝나버렸다.

내 평생 처음이자 마지막인 그 싸움에서 승리는 내 몫이었다. 나도 다른 친구들도 전혀 예상하지 못했던 일, 얼마나 흐뭇하던지…. 그 친구는 중학교를 졸업하자마자 고향을 떠났다. 서울 어딘가에서 신학교를 졸업하고 목사가 되었다는 소식이 들렸는데, 무슨 영문인지 고향 발길은 뚝 끊었다.

다른 한 사연은 내 코피가 터진 일. 공직에서 그만두기 얼마 전, 어느 모임이 있어 동료들과 점심 나누는 자리에서였다. 코가 근질근질했다. 콧물이 나오는 거겠지 하고 코밑을 훔치는데 이게 웬일, 휴지가 핏빛으로 물드는 게 아닌가.

저절로 코피가 나다니 근래에 없던 일이어서 좀 걱정되긴 했으나 따로 처치하지는 않고 정상 근무했다. 한데 이런 증상이 그치지 않고 한동안 이어졌다. 어느 날 아내가 이를 눈치채고 치료 안 한다고 성화를 부려 마지못해 병원에 갔다.

처음 들른 데는 원주 시내에 있는 한 이비인후과 의원. 원장 의사가 진찰하더니 처방할 생각은 않고, 느닷없이 자신의 친구 얘기를 중얼거리면서 한마디 했다. "한창나이로 보이는데 일이 다 무슨 소용이나요. 미련하시네. 건강부터 챙기셔야지." 얼마 전에 미국에 사는 의사 친구가 화장실에서 돌연사를 당했는데 뇌혈관이 터져 그리되었다며, 죽고 나니 돈도 명망도 다 필요 없더라는 말을 장황하게 늘어놓았다.

그러면서 실핏줄이 콧속에서 조금 터졌으니 망정이지 머릿속에서라면 어쩔 뻔했느냐며 여기서 고칠 병이 아니니 내과 전문의 검진을 받아보라고 권하는 것이었다. 마뜩하지 않았지만, 의사의 권유를 따를 수밖에. 가까이 있는 어느 내과병원에 들렀다. 내과 의사의 진단은 중증 고혈압. 우선 안정을 취하고, 무리한 일을 하지 말며, 꾸준히 약물치료를 받으라는 처방을 내렸다.

이 일이 공직 명예퇴직의 한 계기가 되었다. 그해 연말에 정년을 여러 해 남겨두고 무거운 짐을 훌훌 벗어 던졌다. 일에 시달리지 않아 그런지, 장복하게 된 혈압약 때문인지 퇴직한 이후부터는 코피가 터지지 않았다.

모두 다 지난 일이다. '쌈 대장'의 근황이 궁금하고 그립기도 하지만, 굳이 찾고 싶지는 않다. 남은 삶에서 친구의 코피 터뜨릴 일은 영 없을 듯하다. 내 코피 터질 일이야 더 살아봐야지 어찌 미리 알겠나. 쌍코피 터질 일만 없기를 바랄 뿐이다. 더불어 코를 잘 후비는 우리 둘째 외손녀가 얼른 그 버릇을 고치고, 조롱조롱한 손주들 모두 무탈하기를 바라는 마음이 간절하다. ❡ (2016. 12. 하서문학)

효, 그 시작과 끝

"신체발부 수지부모라, 불감훼상이 효지시야니라."

어릴 적에 아버지한테 자주 듣던 말이다. 술이 거나하시면 나를 무릎 꿇리고 이런 뜻 모를 말씀을 자주 하셨다. 나어린 녀석이 혹여 잊어버릴까 봐 그러셨겠지. 틈만 나면 사랑방으로 불러들여 이런 유의 말씀을 반복하셨는데…. 그 속뜻을 어찌 알기나 했겠는가. 하도 많이 듣다 보니 저절로 외워져 틈만 나면 중얼거리고 다녔다.

나이 들면서 이 말씀은 효경(孝經)에 실려 있는 한 구절이라는 걸 알게 되었다. 공자가 증자(曾子)에게 무릇 효란 덕의 근본이라며 이렇게 일러 주었다고 한다.

身體髮膚 受之父母 不敢毁傷 孝之始也
立身行道 揚名後世 以顯父母 孝之終也

사람의 신체와 터럭과 살갗은 부모에게서 받은 것이니, 이것을 손상하지 않는 것이 효의 시작이다. 몸을 세워 도를 행하고, 후세에 이름을 날림으로써 부모를 드러내는 것이 효의 끝이라는 가르침이다.

이를 실천하느라 그랬는지 이순을 넘겨 여태껏 살아오면서 내 몸 어느 한구석에도 상처 하나 남기지 않았다. 이 하나만 본다면 나도 효자 반열에 끼었다고 할 수 있지 않을까. 그러나 자신이 효자라고 생각해 본 적도 없고 감히 그렇게 말하지도 않는다. 어찌 제 몸 상하지 않고 입신양명하는 것만 효라 할 수 있으랴. 효행은 수만 가지라 그 수를 헤아릴 수조차 없다. 나는 그 가운데 어느 것 하나 떳떳하게 내세울 만한 자랑거리를 여태 만들지 못했다.

이런 몸으로 남의 허물을 논함이 가당치나 한 일인지 모르겠지만, 눈뜨면 들려오는 불효가 판치는 언짢은 소식에 혀를 차곤 한다. 우리나라가 OECD국가에서 11년째 자살률 1위 자리를 차지하고 있다니 기가 찰 노릇이다. 2015년 한 해만도 하루 평균 40명꼴인 1만 4천여 명이 자살로 생을 마감했다고 한다.

핑계 없는 무덤이 없다는 말과 같이 그만한 사연이 다 있겠지. 인성교육을 등한시하는 학교 교육도 한 원인을 제공하지 않았을까. 우스갯소리 같지만 각 읍면동에 한 군데씩이라도 옛날 서당을 세우자고 주창해 본다. 거기서 유가(儒家) 십삼경(十三經)을 가르치는 것이다. 어디를 가나 입시학원 간판이 즐비한 현실이지만, 그래도 한 번쯤 고민해 보아야 한다는 생각이다.

어느 성현이 절사(絶嗣)가 제일 큰 불효라고 했다는데, 그보다 더한 불효는 어버이 버리고 자신이 먼저 세상을 등지는 일이 아니겠나. 병사, 사고사야 도리가 없다 하더라도 그런 죽음조차 어찌 보면 제 몸 다루기 소홀해서 일어난 일이지 싶다.

한데 선열들의 의로운 죽음은-민영환, 이준, 논개 등…. 이런 분들의 죽음은 그 나름대로 기려야 할 가치가 있다. 이를 두고 효, 불효를 논함은 합당치 않다고 본다.

한편 종종 사회 쟁점이 되는 소위 '잘나간다'는 사람들의 자살은 어떻게 받아들여야 하나. 의로운 죽음으로 여길 수 있는가. 피눈물 나는 고생을 견디다 못해 결행하는 서민들의 자살은 그래도 이해할 점, 동정이 가는 면이 없지 않다.

유명인들의 자살이 다 그렇다고 할 수는 없겠으나 이해하지 못할 경우가 많다. 어떻든 자살행위는 인륜 대의를 저버리는 일로써 지탄받아 마땅하다는 생각이다.

떠올리기도 씁쓰레하지만, 지난해 초여름 일어난 한 사건도 그렇다. 어느 날 TV를 보는데 속보 자막이 떴다. 중국 지안(集安) 등지에서 역사문화 탐방을 하던 지방행정 연수생의 교통사고 소식이었다. 일행을 태운 버스 한 대가 다리 아래로 떨어져 수십 명의 사상자가 발생했다는 것이다.

이 사고 자체도 내 관심을 끌었지만, 그보다 더한 충격은 현지에서 사고를 수습하던 지방행정 연수원장의 사망 소식이다. 한밤중 호텔 외부에 쓰러져 있는 그를 보안원이 발견하여 병원으로 옮졌으나 끝내 사망했는데, 여러 정황으로 미뤄볼 때 투신자살한 것으로 보인다는 후속 보도가 이어졌다.

그로 말하면, 내 고향 평창 태생이고 공직 동인이라 안면이 있는 사이다. 그는 제 고향의 자그마한 중학교를 나왔지만, 서울대학교를 졸업하고 행정고시에 합격한 준재다. 청와대와 행정자치부 요직을 두루 거쳤고 강원 도정의 부책임을 맡기도 했었다. 지방 공직자들 선망의 대상이었고, 고향 사람들의 기대주였다.

이러한 그의 느닷없는 죽음은 많은 것을 생각하게 하면서 여러 가지 궁금증을 부채질했다. 과연 온당한 선택인가, 아닌가. 죽음으로써 자신의 공직 소임을 다했다고 할 수 있겠는가. 입신양명은 했다고 치자. 그렇더라도 제 몸을 스스로 버렸으니 어찌 효의 시작과 끝을 다했다고 할 수 있으랴. 하지만 오죽했으면…. 이해해 보려 애썼지만, 그 죽음에서 어떤 결기를 느낄 수는 없었다. 한순간에 사라지는 흠모의 정을 굳이 붙잡으려 하지 않았다.

그나저나 나라의 최고 책임자도 투신하는 어지러운 세상이다. 그 죽음을 두고 편 갈라 이러쿵저러쿵하는 마당에 한 동료 공직자의 죽음이 뭐 그리 대수라고 시시비비를 따지려 하나.

어릴 적 사랑방에서 쩡쩡 울리던 아버지의 목소리가 쟁쟁하다. '신체발부는 수지부모라….' 지금껏 이 말을 중얼거리며 살았으면서도 정작 내 아이들에게는 가르치지 못했다. ❡

(2016. 12. 하서문학)

❡ 큰길로 바뀌는 옛 터전에서

사람이 살면서 한번 터 잡은 데서 일생을 마친다면 얼마나 복된 일일까. 하지만 그 연유야 어떻든 많은 사람은 고향을 떠나 옛적 삶의 애환을 그리며 살고 있다. 어쩌면 묵은 건 훌훌 털어버리고 새 터전에서 새 삶을 사는 것도 복이라면 복이라 하겠다.

얼마 전에 내 고향 마을인 '평창 종부'에 다녀왔다. 생전에 떠나리라고는 꿈도 꾸지 않았는데 어쩌다 나는 그곳을 떠났다. 품속에 품고 반평생 넘게 살아 애틋한 마음을 떨쳐버릴 수 없는 고장이다. 언제 되돌아갈 날이 있으려나.

궁상떨지 말자. 지척에 두고도 고향 타령하는 모습이 좀 우스꽝스럽다. 한 시각 거리다. 품 안에서 떼놓은 지 십 년 안쪽이다. 정녕 보고프면 한밤중에라도 달려가면 된다. 그렇다만 어디 품 안에 자식만 하랴.

그날 오랜만에 옛 삶터 곳곳을 휘휘 둘러보았는데…. 꼴 베고 풋

나무 하던 뒷동산엔 종합운동장과 문화예술회관이 들어섰다. 그 산자락에 자리 잡았던 우리 옛집은 흔적조차 남아 있지 않고, 집 뒤란 약수 샘터는 말라 있었다. 아파트와 연립주택 서넛이 옛 집터를 떡하니 가로막고 서 있다. 또래 처녀가 살던 앞집도, 그 옆 이장 집도 자취를 감추었다. 이장네가 부치던 논은 감리교회 터로 바뀌었고, 목욕 감던 봇도랑도 시멘트 뚜껑으로 덮여 전혀 옛 모습이 아니었다.

변해야 산다고 하지만, 내 살던 터전만은 옛 모습 그대로이기를 바라는 속된 욕심이 꿈틀거렸다. 나만 그런 게 아니겠지. 다른 이들도 그리 생각되리라 마음을 달래보았지만, 딴판으로 변하는 모습에 심란했다.

발길을 돌리려는데 들판을 가로질러 휑하게 뚫리는 큰길 공사판이 눈에 들어왔다. 평창에서 영월로 오가는 국도 확장공사 현장이다. 들판을 반 토막 내면서 서너 길 높이로 성토하여 노반을 다지는 공사가 한창이었다. 거기가 어딘가. 우리 식구 삶의 터전이었던 뙈기 논밭이 있던 곳이 아닌가.

출입통제 표지를 비켜서 공사 현장으로 다가갔다. 길은 있어야 하고, 마음 편하게 다닐 수 있도록 넓고, 곧게 닦아야 함을 누가 모를 것이며 또한 원치 않으랴. 만인이 바라는 바이니 내 삶터가 길바닥으로 뒤바뀐다고 항거할 일은 아니다. 그런다고 혼자 힘으로 막지도 못할 터니 어쩔 도리가 없다.

하지만 못내 아쉽다. 새로 닦는 큰길을 따라 천천히 걸었다. 구석구석 파 뒤집어놓아 어디가 어딘지 얼른 분간이 안 된다. 이리

저리 두루 살펴 옛 터전 언저리에 서서 사방을 둘러보았다.

서편엔 예나 다름없이 제방을 감돌아 평창강이 흐른다. 강물 줄기에서 이는 실바람이 살갑다. 동편을 바라본다. 우리 옛집을 껴안은 뒷동산 '모산'이 '어서 와 내 품에 안기라'며 손짓하는 듯하다. 그러나 옛적 그 모습이 보이지 않는다. '모산' 봉우리 자리에 종합운동장 본부석 지붕이 덩그러니 걸려있다. 등짐 지고 오르내리던 오솔길에 놓인 운동장 진입로가 옛 추억을 내쫓는다.

여기 지금 내가 밟고 서 있는 이 땅은 아버지가 애지중지 가꾸던 논밭이다. 하지만 나는 그 유산을 지키지 못했다. 지난 사연을 더듬어 무엇 하랴만, 이런저런 옛일에 가슴 깊이 서린 감회가 피어오르며 눈시울이 뜨거워졌다. 다 합쳐봐야 대엿 마지기 남짓으로 넉넉지 않았지만, 우리 집 호구지책의 생명줄이었던 이 터전은 아버지의 심장과도 같았다.

농한기가 따로 없었던 아버지의 분주한 발길이 눈에 선하다. 아버지는 한시도 손을 놓지 않았다. 눈이 채 녹지 않아서부터 거름을 등짐 져 날랐고, 된서리가 내릴 무렵 '거두미'를 끝내서 좀 쉴 만할 때도 논 속에 묻힌 잔자갈을 캐내는 일에 매달렸다. 바짓가랑이엔 늘 흙먼지가 묻어 있었고…. 나는 그런 아버지가 싫었다. 농사일 돕는 게 영 마땅찮았다. 학교 다닐 때는 공부한다는 핑계로 집에 늦게 오고, 직장 다닐 때는 평일은 물론 휴일에도 출장 따위 구실로 도망 다니기가 일쑤였다. 아버지는 이런 나를 그래도 자식이라고 감싸 안았다. 더러 화를 드러내기도 했지만 거지반 속으로 삭였다.

갓 시집온 아내가 홀로 흘린 눈물 자국이 아른거린다. 배부른 몸으로 '잰노리(참)'를 이고, 좁디좁은 논둑길을 뒤뚱거리며 오갔었지. 집에서 논밭까지는 이십여 분이나 족히 걸리는 만만찮은 거리였다. 홀아비인 시아버지는 성질이 불같았다. 참이 조금만 늦어도 불호령이 떨어졌다. 야속하지만 그 성화를 다 받아들일 수밖에 없었다. 논둑에 쪼그리고 앉아 눈물을 글썽거리면서도 바로 돌아서지 못하고 한참이나 시아버지 뒷일을 거들곤 했던 아내다. 그러하니 신랑을 얼마나 원망했었을까.

많은 세월이 흘렀구나. 아버지는 오래전에 돌아가셨고, 우리 맏이가 어느새 두 아이의 아비가 되었다. 큰길로 바뀌는 옛 터전에서 할아버지, 할머니가 된 우리 부부의 발자취 또한 찾을 길이 막연하니 이 노릇을 어찌하면 좋을까.

머지않아 공사가 끝나면 속도를 한껏 뽐내며 씽씽 내달리는 자동차들로 이 큰길이 붐비겠지. 한데, 아무도 여기 어디가 누구의 삶터였는지 알려고 하지 않을 것이며 나 또한 이 옛 터전을 굳이 찾아갈 일이 없으리라.

멍청하게도 사람은 추억거리를 만들기 위하여 잔머리를 굴린다. 하지만 추억은 언젠가 잊힐 것이니, 그러기 전에 버릴 줄도 알아야 하건만…. 아버지가 소 몰던 소리- 워낭 소리가 아스라이 귓전을 울린다. 이 소리를 가슴에 새기며 새 터전 원주로 발길을 돌렸다.

"워~ 워~ 이러~ 말구로~ 오오 올라서~ 워, 워~ 골로 들어서~ 이러…."

"땡그랑~ 때~앵~ 땡…."❡ (2016. 12. 하서문학)

중천 선생 연모(戀母) 시비

"어머니는 나를 여기까지 업어다 놓으시고 헤어지지 않으려고 몸부림치는 내 모습을 뒤돌아보고 보고하시면서 되돌아가셨다." 동네 주변에 있는 옛 고갯길, 대안령 마루에 세운 연모(戀母) 시비 설명문의 한 구절이다.

대안령은 옛적에 문막에서 원주 시내로 오가던 고갯길이다. 그리 높지 않고 밋밋한 형세라 영(嶺)이라 부르기는 조금 어색하다. 그래도 걸어 넘으려면 숨찬 고갯길, 원주 시내와 서남방 마을을 연결하면서 서울로 오갔던 지름길이다. 예전엔 사람 발길이 꽤 잦았던 곳이나 지금은 그 이름조차 잊혀 인터넷 지도를 검색해도 나오지 않는다.

근래 대안령 옛 고갯길 근방으로 임도 하나가 새로 생겼다. 원주시에서는 이 길을 걷기 좋은 굽잇길 16호로 지정하고 '벽계수길'이라 이름 붙였다. 문막읍 동화리 쪽에서 올라가는 길 입구에 벽계수 이종수 묘역이 있어 그리 이름 붙였다고 한다. 나는 집 가까이 있는 그 길을 소일거리 삼아 가끔 찾는다. 산허리를 따라 완만한 기울기로 구불구불 닦아 놓은 흙길이라 풍광은 그저 그래도 걷기운동 하기는 안성맞춤이다.

벽계수길에서 중천(中天) 김충열(金忠烈) 선생이 세운 연모 시비를 만난 때는 몇 해 전 가을 어느 날이었다. 운동 삼아 모처럼 나선 산책길, 초가을 풍광에 발걸음이 산뜻했다. 길섶에서 산초가 까맣게 익어가고 싸리 꽃은 한창인데 윙윙거리는 꿀벌 소리, 코를 스치는 풀꽃 내음이 향수를 불러일으킨다. 이미 진 꽃, 새로 막 피는 꽃, 잘 익어가는 열매들에서 가을 향기가 물씬 풍긴다. 겨우살이 채비를 서두르는 뭇 생명의 한살이가 더할 나위 없이 정겨우면서도 애잔해 보였다.

이런 흙길을 따라 몇 굽이 느긋하게 돌아 오른 고갯마루에서 네 갈래 갈림길을 만났다. 앞쪽은 대안 마을로 내려가는 길, 뒤쪽은 올라온 길, 좌우 양옆은 능선 샛길이다. 어느 쪽이든 더 걷고 싶었고 선택은 내 몫이었다. 어느 길로 갈까 재다가 우측 내리막길 능선으로 들어섰다.

그 길은 사람의 발자취가 아주 뜸한 오솔길이었다. 온 사방 빽빽한 참나무 숲에서 바람결에 아슴푸레 들리는 풀벌레 울음소리가 심금을 울렸다. 한 50미터쯤 걸었을까. 아래쪽으로 탐스러운 아름드리 소나무 몇 그루가 보여 그냥 지나치지 못하고 내려가 보았다. 족히 백 살은 됨직한 장송이었다. 소나무 아래로는 서넛이 둘러앉아 쉴만한 빈터가 하나 있었고 그 주변으로 이끼 낀 돌무더기가 보였다.

옛 집터인가 보다. 궁금증을 삼키며 소나무 밑둥치에 기대어 잠시 쉬려는데 돌무더기 옆으로 새카만 오석 비 하나가 눈에 들어왔다. 인적 끊긴 외진 이곳에 웬 비석, 누가 세운 걸까. 호기심에 자세히 살펴보니 사과 상자만 한 크기로 앞면에는 연모시(戀母詩)라는 한시가, 뒷면엔 이 비를 세운 사연이 정갈한 글씨체로 새겨 있었다. 시문 끝머리에 '2004년 8월에 '中天 金忠烈 시를 짓고 돌을 세우다'라는 명문(銘文)이 보였다.

중천 김충열, 낯선 이름이다. 대체 누구일까. 시비 발견 당시에는 전혀 몰랐지만, 나중에 여러 경로를 통하여 중천 선생이 걸출한 동양 철학자임을 알게 되었다. 우리 아파트 이웃 동네 태생이라는데 관심이 더했다. 선생은 1931년 3월 문막읍 건등리 등안마을에서 태어났다. 원주농업고등학교를 졸업하고 국비 장학생으로 국립대만대학에서 수학한 후 고려대학교 교수 등을 역임하면서 평생을 학문에 정진한 한학자다. 학술원 회원을 지냈으며, 유교·도교·불교 등 동양사상을 두루 섭렵하여 한국의 동양철학 수준을 한층 드높인 분이다. 선생은 2008년 3월 타계하였는데 원주시에서 그 공로를 기리는 중천 철학도서관을 흥업면에 세웠다.

그날 중천 선생의 연모 시비를 발견하고는 곧바로 발길을 집으로 돌렸다. 시비를 세운 선생의 어릴 적 사연이 내 어머니의 어렴풋한 생전 모습을 떠올리게 하면서 눈시울을 적셨기 때문이다. 중천 선생이 연모 시비를 세운 사연은 이러했다.

선생은 1935년 1월 아버지를 여의었다. 그해 6월 어머니 품을 떠나 흥업으로 공부하러 가면서 대안령 고개를 넘게 된다. 어머니는 어린 아들을 고갯마루까지 업어다 놓으시고, 헤어지지 않으려 몸부림치는 모습을 뒤돌아보고 보고하시면서 되돌아가셨다. 70년이 지난 어느 날 선생은 대안령을 찾는다. 다른 데로 찻길이 생겼다. 여기 오솔길에 있던 성황당 나무와 돌무더기는 흔적도 없이 사라졌다. 앙상하게 남은 산마루 모습을 바라보자니, 옛적 공부하러 떠나던 그때 그 슬픈 정경이 눈물 속에 떠오른다. 이에 그 회억을 시에 담아 돌에 새겨 둔다. 선생은 이를 비극의 황홀이라고 했다.

어머니, 그 이름만 들어도 가슴이 뭉클하다. 그러함에도 존속학대 뉴스가 심심찮게 들리는 요즘 세상에 과연 누가 이 연모 시비를 일부러 찾으랴 생각하니 가슴이 미어진다. '한 사람의 양모(良母)는 백 사람의 교사에 필적한다.' 어느 철학자가 한 말이다.

그 말을 떠올리면서 내 어머니를 생각한다. 나는 어머니의 가없는 사랑을, 그 가르침을 모르고 자랐다. 아홉 살 어린 나이에 어머니를 여의었기 때문이다. 반세기도 지난 옛일이라 생전 어머니의 모습조차 가물가물하다. 어머니와의 어떤 기억도 또렷하지 않다. 꽃상여도 못 타시고 지게에 얹혀 눈발이 흩날리던 한겨울에 뒷산으로 떠나던 마지막 모습만이 한 맺힌 가슴에 남아 있다.

어머니가 더 오래 사셨다면, 나는 어떤 존재가 되었을까. 어떻게 어머니를 모셨을까. 아무래도 중천 선생의 효심을 따라잡지는 못하였으리. 자괴감이 든다. 내 고향 뒷산에 모신 어머니 유택의 봉분이 민머리가 된 지 오래다. 제절에 잡목이 뿌리내려 기세를 떨침에도 벌초할 때나 겨우 자주 찾아뵈면서 어찌해야 하나 빈 걱정만 하고 있다.

아, 어머니…. 눈시울을 붉히며 중천 선생의 연모 시를 되뇌어 본다.

浮雲遊子悲 堂木禱娘哀(부운유자비 당목도낭애)
子返朗猶遠 悵望哭夕暉(자반낭유원 창망곡석휘)

뜬구름은 떠도는 아이 슬픔 머금어 비가 되고
성황 나무, 비는 어머니 모습 닮아 구부러졌네.
떠돌던 자식은 돌아왔건만 어머니는 돌아가시니
멍하니 저녁노을을 바라보며 한없이 눈물만 진다.❡

(2017. 12. 하서문학)

평창 남산을 그리며

평창 읍내 강 건너 남쪽에 솔숲이 울창한 산 하나가 자리하였는데 남산이라 부른다. 남산이라고 하면 언뜻 떠오르는 생각이 고향, 소나무, 보름달, 애국가 따위다. 내 고향에 남산이 있기 때문만은 아닐 것이다. 왜 그런지, 언제 어느 곳에서 들어도 남산이라는 이름은 정겹게 들린다. 한편, 다른 이름으로 부르면 더 좋지 않을까 하는 생각도 해보게 된다.

사람 이름에 동명이인이 꽤 많듯이 산에도 '남산'이라는 동명이산(同名異山)이 적잖다. 서울 남산은 물론 경주의 남산도 유명하고, 다 찾아보지 않아 그렇지 곳곳마다 남산이라 이름 붙인 산이 한둘이 아니다. 내가 사는 강원도만 해도 원주, 홍천, 동해, 정선 등지에 남산이 있다고 한다.

그런데 나는 여태껏 남산이 한 동네 중심지의 남쪽에 있어 남산이라 부르는 줄로만 알았다. 상리, 중리, 하리라 하는 마을과 동면, 서면, 남면, 북면이라 하는 면 단위 행정구역이 방위에 따른 이름이듯이 남산도 동네 남쪽에 있어 남산이라 하겠거니 생각했다. 틀린 사실은 아니지만 다른 뜻도 있음을 얼마 전에 알았다.

남산에는 누구나 바라볼 수 있는 앞쪽에 있는 산, 앞산이라는 뜻이 있다고 한다. 옛적에 서울 남산을 '마뫼'라고도 불렀다는데…. '남(南)'은 '앞'이기도 하다. 마파람, 남풍, 앞바람이 같은 말이듯이 '마'에는 '남(南)'이나 '앞'이라는 뜻이 있고, '뫼'는 산의 옛말이다. 남산을 '마뫼'라고 했던 연유다. 또, 애국가 2절의 남산은 서울 남산이 아니고, 남쪽, 앞에 있는 '앞산'이라는 의미의 보통명사 '남산'이라는 설도 있다. 어느 말이 옳은지 여기서 다툴 계제는 아니니 덮어두고 고향 남산 타령이나 하련다.

나는 객수에 젖을 때마다 고향 남산을 머릿속으로 그린다. 계절이 바뀌는 철이면, 특히 가을이 되면 몹시 그리워진다. 그 남산의 서남쪽 기슭에 터 잡고 살면서 한평생을 벗하고 살았으니 왜 아니 그러랴. 조금 있으면 푸른 소나무와 단풍이 한데 어우러져 장관을 연출할 테지. 올겨울 눈 내리는 남산은 또 얼마나 소담스러우랴. 소식을 듣자니 남산산림욕장을 새로이 꾸미고 남산 둘레를 따라 강변 데크길도 만들어 찾는 사람들이 흔쾌히 즐기도록 잘 가꾸어 놓았다고 한다. 어떤 모습으로 바뀌었는지 보고 싶다.

베란다에서 동녘 하늘 쪽으로 흘러가는 뭉게구름을 멀거니 쳐다본다. 가슴에 사무친 옛일들이 주마등처럼 스쳐 지나간다. 남산을 벗하고 사는 동안 이런 일 저런 일 참 많이도 겪었구나. 그 추억의 퍼즐을 구름에 실어 고향 산하와 친구들에게 보낸다.

하릴없고 엉뚱하지만, 여러 사연 가운데 하나 어떤 죄과에 대해 속죄하는 마음으로 고백하면서 용서를 구해본다. 공소시효가 지난 일이어서 죗값 치를 일은 없기에 마음 놓고 털어놓는 것이리. 허허허.

고등학교 다닐 무렵, 열 예닐곱 살 때 겪은 일이니 50년이 다 되어간다. 나룻배로 읍내를 오가고, 야간통행금지로 밤중에는 발이 묶였던 아득한 옛날 일이다. 그 시절 한 동네에서 단짝으로 지내는 또래 네댓이 있었다. 공부는 뒷전이고, 별다른 놀잇감이 없어 적적했던 우리는 박○○ 친구네 집에 자주 모였다. 주로 성냥 내기 민화투를 치며 놀았는데 가끔 닭서리 같은 장난을 벌이기도 했다.

그러는 어느 날, 우리는 좌장 행세를 하던 한 친구가 제안한 생뚱맞은 일거리를 두고 갑론을박하며 모의한 끝에 저질러보기로 작정했다. 나무장사 하는 일이었다. 친구의 제안은 나름대로 솔깃한 명분이 있었다.

'나무를 베어다 장작을 만들어 팔아보자. 용돈으로 쓸 푼돈은 쉽사리 벌 수 있을 게다. 잘하면 많은 목돈이 생길지도 모른다. 우리 동네만 4-H 클럽이 없잖아. 그거 하나 만들어 운영하면 어떨까. 동네 자금으로 들여놓는 것도 좋고…. 먼 산에 갈 거 뭐 있나. 남산이 가까운데, 거기 소나무 웬만한 거 점찍어 둔 게 있어. 그믐날 밤에 통금 사이렌 불 때 후다닥 해치우면 아무도 모를 거야'

친구들 모두 고개를 끄덕였으나 이심전심의 속내는 4-H 클럽이

나 동네 자금보다는 용돈에 있었다. 막 배워 마시기 시작한 막걸릿값이 궁하던 차에 잘되었다 싶었다. 도벌이 죄가 된다는 생각 따위는 별로 없었다.

우리는 그 일을 어느 그믐날 야밤에 모의한 대로 결행하였다. 자정에 귀청을 울리는 사이렌 소리가 밤하늘로 울려 퍼진다. 일행의 손길은 분주해졌고, 톱질하다가 한 뼘쯤 남겨둔 소나무 밑둥치를 마저 자르는 톱날이 멈추는 순간, 우지끈 꽈당 소리와 함께 우람한 소나무는 일생을 마감했다. 강 건너 읍내는 고요했고, 들켜서 도망치는 소동은 일어나지 않았다. 이내 토막 난 소나무 등걸은 친구네 뒷마당으로 옮겨졌고 밤새워 번뜩이는 도끼날에 몇 개비로 쪼개져 장작으로 변신하였다. 나는 참여하지 않았지만, 친구들은 한두 번 더 그런 일을 저질렀는데….

몇 달인가 지나서 우리는 읍내 시장통에 있는 '고향집'이라는 대폿집에 모여 그믐날 야밤의 무용담(?)을 화제 삼아 막걸릿잔을 주고받았다. 술값 치를 용돈이 넉넉해서 기분 좋게 취했다. 4-H, 동네 자금 어쩌고 하던 말이 공염불이 되었으나 누구도 안타까워하지 않았다.

그 후 고향집은 우리 친구들의 평생 단골집이 되었다. 그때 새파랗던 주인아주머니는 구순을 바라보는 요즘에도 그 자리에서 두부 안주에 막걸리를 팔고 있다. 예나 지금이나 그 자리를 굳건하게 지키고 있는 평창 남산과 고향집…. 생각만 해도 가슴이 두근거린다. 외경심이 우러나 고개가 숙어진다.

서로 사는 일이 바빠 한동안 격조했던 그때 친구들은 얼마 전에 모여 친목계를 하나 만들었다. 한 달에 한 번 정기모임을 갖는다. 옛날의 도벌꾼들이 다 모이는 자리에서는 남산의 추억담이 심심찮게 화두에 오른다.

오, 남산이여! 그때 그 일을 용서하시라. 친구들아, 우리 이 가을이 가기 전에 한번 남산 둘레길을 걸어보지 않으련? 옛날 그 자리를 둘러보고 나서 고향집으로 가자. 막걸릿잔에 옛이야기를 풀고 또 풀어보자. 남산은 우리 고향의 보배가 아니더냐. 늘 가슴에 담아서 두고두고 기리자꾸나. ❡

(2017. 12. 하서문학)

향내 나는 인연

오가는 사람끼리 옷깃만 스쳐도 인연이라고 했지. 그 옷깃만이겠나. 잠깐 스치는 바람결도 하나의 인연…. 이 세상에 인연 아닌 것이 어디 있으랴. 좋은 것이든 나쁜 것이든, 사람 사이든 물질과의 관계이든, 우리는 누군가와 또는 무엇인가와 인연을 맺고 끊으며 살아간다.

누구에게나 소중할 수밖에 없는 이 인연…. 그런데, 이제 내 삶은 어떤 인연을 새로 맺기보다는 맺은 인연도 하나둘 끊을 때가 되지 않았나 싶다. 돌아보니 참 많은 인연과 부대끼며 살아왔구나 하는 생각이 든다. 그 가운데 악연도 없지 않았으나, 그래도 좋은 사람들과 맺은 좋은 인연이 더 많았던 듯하다. 그러니 이렇게 살아있는 게지. 이제 무엇을 더 바라랴. 버리고 살라는 말이 귓전을 맴돈다.

그러자꾸나. 인생살이 영욕은 풀잎 끝에 잠시 맺혔다가 사라지는 이슬이다. 제2 인생을 보람차게 산답시고 그 이슬을 지나치게 욕심내다가는 오히려 화가 미치리. 어느 고승의 말씀처럼 사랑, 미움, 탐욕, 성냄, 번뇌 따위를 다 벗어 놓고 물같이 바람같이 살아가는 거지 뭐. 새 인연을 억지로 맺으려 애쓰지 말고, 맺은 인연도 굳이 품지 말고, 버릴 건 버리자꾸나. 이리 다짐하고 나니 마음이 편하다.

그러나 작심삼일이다. 마음이 여려서일까. 어쩔 수 없이 지난 세월에 맺은 인연을 돌이켜보게 된다. 그러면서 무엇인가를 이루지 못해, 또 누군가를 만나지 못해 고민하게 된다. 이 속물근성 늪에서 얼른 벗어나야 하는데 평생 지고 갈 짐인 듯 가슴을 짓누른다. 하긴, 내가 뭐 그리 대단한 성인군자라고 세상일에 초연하려고 하나. 인연에 연연함은 생명체가 목숨을 부지하는 한 당연한 일 아니겠나. 굳이 버리려 함도 물같이 바람같이 사는 게 아닐 듯하다.

법구경의 한 구절을 곱씹어 본다. 사람은 원래 깨끗한데 모두 인연을 따라 죄와 복을 부른다고 했다. 어진 이를 가까이하면 곧 도덕과 의리가 높아가고, 어리석은 이를 친구로 하면 곧 재앙과 죄가 이르는 것. 향을 싼 종이는 향을 가까이해서 향내가 나고, 생선을 엮은 새끼는 생선을 꿰어 비린내가 난다. 이처럼 사람은 다 조금씩 물들어 그것을 익히지마는 스스로 그렇게 되는 줄을 모를 뿐이라고 했다. 부처님이 비구를 시켜 길에 떨어져 있는 향을 싼 묵은 종이와 생선 꿰었던 새끼를 줍게 하고는 무엇이냐고 물은 다음에 하신 말씀이라고 한다.

그렇구나! 삶이란 인연과 벌이는 싸움터이구나. 누군가 운명의 화살을 피하는 길은 인연을 맺지 않음이 첫째라고 했다. 그러나 어찌 다 피할 수 있으랴. 이왕 맺은 인연이거든 앙탈하지 않고 받아들임이 순리다. 내 인생에서 향내와 비린내는 무엇이었던가. 어찌 향내만 맡고 살았으랴. 비린내보다 독한 썩은 냄새도 맡고 살았다. 그 가운데 하나 향내 나는 인연을 회억하면서 내 여생의 바다가 비린내로 파도치지 않기를 소망해 본다.

KTX 경강선이 개통하여 강릉 가는 길이 빠르고 편해졌다는 소식을 듣고 언뜻 떠오른 추억담이다. 1990년대 초반 무렵, 운전면허를 따고 얼마 되지 않아 난생처음으로 자가용을 샀다. 기아자동차가 처음 출시한 소형 승용차 프라이드 베타였다.

이 차를 사고 나서 얼마 되지 않았을 때다. 한 친구네와 부부동반하여 경포, 주문진으로 나들이 갔다가 돌아오는 길 저녁때 진고개 중턱에서 액운을 만났다. 찻길 한복판에 떨어진 쪼그마한 돌멩이를 그냥 타고 넘다가 일어난 어이없는 사고였다. 차바퀴에 빗맞아 튕겨 나간 돌멩이가 하필이면 기름통을 쳤던 모양이다. 우그러진 기름통에 바늘구멍이 생겼다. 그런 줄도 모르고 한참이나 신나게 치달렸는데, 기름내가 많이 난다는 친구의 말에 차를 세우고 살펴보니 차 밑바닥에서 기름이 뚝뚝 떨어지는 게 아닌가. 연료게이지 바늘은 바닥에 놓여 있고….

세상에, 타이어가 펑크 났다면 갈아 끼우기라도 하지. 기름통

펑크를 무슨 수로 때운담. 난감하기 그지없었다. 어느새 날은 어둑해지고 안개구름이 산허리를 감싸고 돌더니 부슬비가 내린다. 휴대전화가 없던 시절, 차량 견인 서비스도 흔치 않던 시절, 교통량이 그리 많지 않은 도로에 지나가는 차량은 뜸했고 그마저 외면하고 그냥 지나친다.

두어 시간이나 기다려도 구원의 손길을 만날 수 없었다. 지친 일행이 한목소리로 차를 놔두고 가까운 민가까지 걸어 내려가자고 한다. 어림잡아보니 고갯마루 휴게소나 민가가 있는 송천 약수터까지 걸어가려면 한 시간여나 걸릴 듯하다. 이마저 녹록치 않은 일이라 선뜻 발길을 내딛지 못하고 조금 더 기다려 보는데….

구세주를 만나는 기적 같은 행운이 다가왔다. 정상 쪽에서 내려오던 갤로퍼가 우리 일행을 발견하고 차를 세우더니 어쩐 일이냐고 묻는다. 나보다 아래 연배로 보이는 젊은이였다. 저간의 사정을 설명하고 도움을 청했다. 휴가여행차 부모님 모시고 속초로 가는 길이라는 그는 자신도 이런 사고를 겪은 적이 있다면서 가까이 있는 정비소까지 견인해 달라는 우리의 부탁을 선선히 받아주었다. 그 젊은이가 손수 견인작업을 해서 사고 차량은 주문진의 한 정비소에 맡겨졌다. 젊은이에게 돈수백배 사례했는데, 그것만으로는 예가 아닐 듯싶어 얼마간의 사례금을 마련하여 젊은이에게 건넸더니 극구 사양하며 받지 않았다.

고맙기 짝이 없는 일, 액운이 행운으로 바뀌는 그 순간의 포만감을 필설로 어찌 설명하랴. 그날 이후로 진고개를 넘나들 때면 그때 맺은 훈훈한 인연을 돌이켜보곤 한다. 그러면서 세상살이가 어렵다지만, 그래도 그런 향내가 있어 살만하다는 것, 비린내만 진동하지 않는다는 사실을 일깨운다.

경강선 KTX…. 한두 번은 타 보아야겠지. 그 열차를 타도 향내 나는 인연을 만날 수 있을까. 빨라서 좋을지 모르지만, 그러잖아도 빨리 가는 세상에 느림의 낭만을 즐김도 낙이 아닐까. 동해로 나들이할 때는 굳이 KTX를 타지 않으련다. 진고개를 자주 이용해야지. 제2 인생의 여로가 향내 인연으로 넘실거리는 꿈을 꾸어본다. ❡

(2018. 1. 문학시대)

II.

글공부, 제2 삶터에서

(봉평 메밀꽃)

인생의 목적은 끊임없는 전진이다. 앞에는 언덕이 있고, 냇물이 있고, 진흙도 있다. 걷기 좋은 평탄한 길만이 아니다. 먼 곳으로 항해하는 배가 풍파를 만나지 않고 조용히 갈 수만은 없다. 풍파는 언제나 전진하는 벗이다. 차라리 고난 속에 인생의 기쁨이 있다. 풍파 없는 항해, 얼마나 단조로운가. 고난이 심할수록 내 가슴은 뛴다.

- F.W.니체 -

❡ 고별사

다시 일러 무엇하랴, 새삼 말하지 않아도 참 세월이 빨리 흘러감을 뼈저리게 느낀다.

공직에서 명예퇴직한 지도 어언 십 년이다. 그 한 세월을 어찌 보냈는지…. 돌아보니 그야말로 눈 깜짝할 순간이었다. 물 흐르듯 했다고나 할까. 쏜살같았다고나 할까. 뭐, 벌써 십 년이 되었다고?

초침은 여전히 째깍거린다. 그리 대단한 인생살이는 아니지만 추슬러 정리할 틈이라도 주면 좋으련만. 그 세월을 돌아보려니 이런저런 감회에 젖게 된다.

준비하지 않고 덜컥 결정해버린 명예퇴직이었다. 어찌 살아가나 하는 걱정이 왜 없었겠느냐. 달리 밥벌이를 구할 재주도 없으면서, 정년을 5년이나 남겨두고도 다 내려놓았었지. 그리고는 낯선 제2 인생길로 무작정 떠났었지.

함께 지냈던 선후배, 동료들의 낯익은 모습이 언뜻언뜻 떠오른다.

그때 겪었던 수많은 추억담이 파도처럼 밀려온다. 어쩌자고 기억의 한편에 가둬두려는 걸까. 잊을 때가, 버릴 때가 되지 않았나.

속물이라 그러겠지. 그 옛적 노트를 뒤적여본다. 한 페이지에서 눈이 멎었다. 퇴직하기 전전날엔가 썼던 어쭙잖은 글이다. '고별사'…. 누구에게 보냈는지 기억이 가물가물하다. 객쩍게 써놓고 보내지 않은 듯도 하다. 다시 읽어보며 10주년을 기념한다.

"사랑하는 임이여!

임과 같이 숨 가쁘게 달려온 이 길을 이제 떠나려 합니다. 임이 미워서도 아니고 싫어서도 아닙니다.

너무 오래 달려왔습니다. 상전벽해라는 말을 임도 잘 아시잖아요. 변했습니다. 산이 변하고 물길이 달라지고 사람들도 바뀌었습니다. 걸어서 다니던 이 길에 자전거가 오가더니 오토바이가 달리더니 이젠 자동차가 씽씽 질주합니다.

뒤돌아보니 참으로 긴 세월이었네요. 삼십 성상을 넘긴 지도 5년이나 지났으니, 옛말에 10년이면 강산도 변한다는데 안 변할 리가 없겠지요. 변하였으니 갈 사람은 빨리 떠나고 머물 사람은 더 오래 머물러야 하지 않겠습니까. 회자정리라는데 더 같이 있으려 운다고 한들 안 놓아 주겠습니까.

임이여! 임과 같이 지낸 지난 세월, 영욕이 교차하였지만 그래도 슬픔보다는 기쁨이 모자람보다는 넉넉함이 더 많았습니다. 순간순간 비바람, 눈보라가 몰아치기도 하였지만, 햇볕 쨍쨍 내리쬐는 날이 더 많았습니다. 임이 다독거려 주셨기 때문입니다. 임이 어여삐 보살펴 주셨기 때문입니다.

그 긴 세월 제 주위에서 때론 격려하여주시고 때론 질책하여

주시면서 사랑의 매를 들어 주셨던 임에게 헬 수 없는 저 하늘의 별빛을 드립니다.

삶이란 그렇습니다. 시작이 있으면 끝이 있고 오름이 있으면 내림이 있습니다. 누가 이 만고의 진리를 거스를 수 있겠습니까. 아무리 막으려 발버둥을 치고 울부짖어도 오고야 마는 헤어짐의 순간을 저는 가장 알맞을 때 가장 아름답게 선택하였다고 생각합니다. 저에게 베풀어 주셨던 여러분의 사랑 잊지 않겠습니다. 여러분들과 같이 나누었던 이루 헤아릴 수 없는 수많은 추억 중에서 예쁘고 아름다운 것들만 골라 가지고 가겠습니다. 밉고 슬픈 기억들은 미련 없이 과감히 버리고 가겠습니다. 헤어짐을 눈물이 아니라 웃음으로 맞이하고, 불행을 행복으로 승화시키는 지혜를 가슴속 깊이 간직하겠습니다.

제가 앞으로 가고자 제2의 삶의 여정이 가시밭길이 될지 장미 꽃길이 될지 헤아릴 수 없습니다만 항상 즐거운 마음으로 헤쳐 나가겠습니다. 지금까지 저에게 베풀어 주셨던 애정의 매우 작은 한 부분만이라도 기꺼이 주신다면 달게 고맙게 받아들이겠습니다. 일일이 찾아뵙고 인사드리지 못하는 불민함을 용서하여 주시기 바랍니다.

몸은 떠나지만, 마음은 늘 여러분과 같이하면서 우리 평창의 앞날이 영광으로 가득 차고 여러분 곁에 웃음이 떠나지 않기를 기도하겠습니다.

여러분 사랑합니다. 고마웠습니다. 잊지 않겠습니다.

안녕히 계십시오."

당시 함께 일하던 동료, 후배들도 상당수 공직을 떠났다. 남아 있는 대다수 후배와는 일면식도 없는 처지다. 10년 지난 이즈음에 어느 누가 나를 기억하랴만 종종 그들의 전화를 기다린다.

고별사를 남기고 떠났으면 잊어야지. 인생 고별사를 써야 할 계제에 이 무슨 망령된 생각이냐. ❡

제2인생, 글공부 벗 삼아

이순을 앞둔 내 나이 또래의 동료가 내후년이면 모두 현직에서 물러난다. 나는 또래보다 호적상 나이가 줄어 한두 해 더 근무할 수 있다. 그런데도 정년을 5년이나 남겨두고 '명예퇴직'이라는 명목으로 공직생활을 그만두었다. 20대 초반에 시작하여 50대 후반에 떠났으니 외곬 인생을 살아온 지 35년 만이다. 강산이 세 번이나 변한 오랜 세월 동안 영욕을 함께 나눈 동반자를 단칼에 자르고 훌훌 떠나는 마음이 그리 홀가분하지만은 않았다.

사실 30년 넘게 삶의 버팀목이던 공직을 떠난다는 게 말처럼 쉬운 일은 아니었다. 퇴직은 한순간에 내 모든 생활을 버리는 일이다. 달리 보면 목숨을 앗기는 일이나 진배없다. 당장 호구지책을 걱정해야 한다. 재물하고는 연이 닿지 않아 남들이 다 장만하였다는 텃밭 한 뙈기 가진 게 없는 처지다. 돈 모으는 재주가 없어 예금통장이라곤 한 달에 한 번 근근이 적자를 메우는 알량한

마이너스 통장 하나뿐이다. 게다가 어쩌다 지게 된 당장 갚아야 할 부채도 적잖이 남아 있다. 주변머리가 없어 어디 빌붙어 단돈 몇 푼이라도 벌어 올 위인이 못 된다. 이런 처지를 누구보다 잘 알고 있는 주변 지인들이 말렸다. 소일거리 하나 없으면서 왜 이러냐고.

그런데도 퇴직을 결행했다. 굳이 그 동기를 세세하게 밝히고 싶진 않다. 미련이 왜 없었겠느냐, 하지만 후회하지는 않았다. 이제 그 모든 것을 버린 지 어느덧 3년이나 흘렀다. 흔히들 제2의 인생이라고 말하는 명예퇴직 이후 생활 3년여…. 돌이켜 보니 넘치지도 모자라지도 않는 그저 그러한 수수한 삶이었다.

먹고 자고 입는 거야 매달 꼬박꼬박 들어오는 연금이 있으니 그럭저럭 해결된다. 퇴직 당시엔 260여만 원, 지금은 조금 올라 280여만 원이다. 이만한 돈이면 아내와 내가 단둘이 사는데 빗질 정도는 아니다. 문제는 출퇴근이 없는 하루해를 보내는 일이다. 어찌해야 할 것인가. 장기, 바둑조차 둘 줄 모르고, 고스톱도 별로 좋아하지 않는다. 여가를 메우는 그 어떤 소소한 기술도 갖고 있지 못한 나는 잡기에는 젬병이다. 여행 다니는 일도 하루 이틀이지 일상으로 삼을 수는 없는 노릇이 아니냐. 첫해 얼마간은 여기저기 다니느라 세월 가는 줄 몰랐다. 하지만 이내 시들해지고 하루해가 길어지기 시작했다.

그러던 어느 날 행운을 잡았다. 지금은 '평창 문예대학'으로 이름을 바꾼 '하서 문학교실'이 그것이다. 평창 용평면 재산리 해발

700m 산자락에 새 터전을 잡은 원로 문인 한 분이 계셨다. 국제펜클럽 이사장을 역임한 '하서(河書)' 김시철 시인이다. 새 터전을 공심산방(空心山房)이라고 이름 짓고 글과 낚시로 소일하던 차에 본인이 뜻한 바 있는 문학 교실을 대화도서관에 개설하게 되었다. 나보다 먼저 퇴직한 공직 선배 한 분이 운영을 맡았다. 어느 날 그 선배가 하서 선생님도 반길 것이라며, 그냥 노느니 소일거리삼아 한번 나와 보라고 권해서 글공부를 시작했다. 퇴직한 다음 해 늦은 봄날이었다.

매주 수요일 오후에 문학 강좌가 열린다. 하서 선생님과 안면 있는 유명한 문인들이 서울 등지에서 내려와 분야별로 강의한다. 성춘복·허영자·김규화·조영수 시인, 김병권·조병무 수필가, 이광복 소설가 등이 그분들이다.

첫 강의 들으러 나갔을 때 수강생은 30여 명이었는데 거의 처음 만나는 사람들이었고, 나보다 연하인 여성들이 많았다. 왠지 체면을 구기는 것 같았고 쑥스럽고 부끄러웠다. 면장, 과장이 뭐 그리 대단한 직책이라고…. 한물간 자리에 대한 미련을 채 버리지 못한 탓이었겠지. 면장까지 한 내가 이런 교육을 받아야 하나, 치미는 자괴감에 몸 둘 바를 몰라 했다. 그렇지만 어쩌겠나. 뭔가를 하지 않으면 매일 빈둥거려야 하는데, 그보다는 낫겠다 싶기도 했다.

글공부하면서 배움에는 끝이 없다는 사실, 그 길은 만만하지 않다는 점을 새삼 깨달았다. 문학에 관심이 있어 책깨나 읽었고 평소 글쓰기를 잘한다는 평판에 오르내리곤 해서, 따로 공부까지 할 거야 없지 싶었는데 그게 아니었다. 문학 기초이론도 낯설었지만, 무엇보다 몸에 밴 공문서 투 글쓰기 습성을 벗어나기가 쉽지 않았다. 처음 얼마간은 별 재미를 느끼지 못했다. 평생 의자에 앉아 살았는데, 그 의자를 팽개치지 못하다니 한심하다는 생각이 불쑥불쑥 튀어나와 곤혹스럽기도 했다.

그 모든 걸 참고 견뎠다. 꾸준히 책 읽고 글 쓰면서 나름대로 열중했다. 그러는 사이에 잃어버렸던 일기 쓰는 습관을 되찾았다. 두세 달 지나니 배우는 재미가 붙기 시작했다. 한 해 한두 번씩 다니는 문학기행이 그 재미를 보탰다. 문학관 여러 곳을 다녀왔다. 그때마다 새롭게 만나는 문학 세상을 통하여 내 삶을 성찰할 수 있어 보람을 느꼈다.

매년 연말이면 수강생들의 작품을 모아 동인지 『하서문학』을 펴낸다. 제4집이 나올 때부터 다녔는데, 올해 6집이 나온다. 내 글이 실린 책이 세 권이나 세상 빛을 본 것이다. 그 책들을 펼칠 때마다 잔잔한 행복감이 밀려온다. 그러면서 내가 쓴 시와 글로 엮은 멋진 책을 펼치는 꿈을 꿔본다.

이렇게 한창 재미 붙여 다니던 도중에 유감스럽게도 평창을 떠나야 할 일이 생겼다. 남들은 은퇴하면 고향을 찾는다는데 고향을 떠나는 팔자가 되었으니 그 심정이 오죽했으랴. 자식이 뭔지…. 아이들이 먼저 나가 터 잡은 데서 같이 살겠다고 원주로 이사를 한 것이다.

평창까지는 한 시각 정도 걸리는 거리다. 문예대학 다니는 문제를 고민하지 않을 수 없게 되었다. 어찌해야 하나. 상당한 거리니 기름값을 비롯해 오가는 비용도 만만찮을 텐데…. 무엇보다 아내가 별로 달가워하지 않았다. 그렇더라도 이미 배우는 재미에 푹 빠져 있던 터라 포기할 수는 없었다. 원주에서 평창을 매일 출퇴근하는 직장인들도 많은데 1주일에 한 번 가는 길을 못 간대서야, 체면 서지 않는 일이다.

그러면서 원주에서도 뜻에 맞는 공부할 데가 있는지 찾아보기로 했다. 낯설고 물선 곳에서 여가를 보낼 마땅한 방도를 찾기 위해서였다. 원주만 해도 시골 평창과는 달라 여기저기 다녀볼 만한 데가 참 많았다. 몇 군데 골라서 어디를 다닐까 재다가 원주문화원 한문 서예와 원주평생교육정보관 문예창작 강좌를 선택했다. '마루금'이라는 산악회에도 가입했다. 한문 서예는 매주 화요일과 금요일에 열리고 문예창작 강좌는 목요일에 열린다.

수요일엔 평창 문예대학에 나가고…. 그러다 보니 월요일과 주말을 빼고는 매일 뭔가 할 일이 생겼다. 주말에도 한 달에 한두 번은 산악회 정기산행 모임에 나간다. 평창에 그냥 살았더라면 이런 기회를 잡지 못했으리. 고향을 떠난 것이 소일거리를 찾아 시간 보내는 데는 전화위복이 된 셈이다.

이렇게 글공부를 주로 하면서 일상을 즐기다 보니 수필 문단에 등단하는 영예까지 얻었다. 하서 선생님이 모든 걸 도와주신 덕분이지만, 내가 쓴 글이 우리나라 수필계를 대표하는 문예지 『한국수필』 신인상 수상작품으로 뽑혔다. 2010년 5월의 일이었다.

「작은 행복」과 「동행」이라는 두 편의 수필. 평창 고향에서 내 작은 집의 조그만 정원을 가꾸며 살아가는 재미와 제방 산책길에서 만난 한 노부부를 보고 느낀 소회를 적은 글이다. 습작수준에 불과한 졸필이 글쟁이들이면 누구나 탐내는 등단의 꿈을 이뤄줄 줄이야. 그야말로 언감생심인 일을 성취하였으니 감지덕지할 수밖에. 그해 7월 통영으로 문학기행 갔을 때 일행이 베푼 조촐한 축하연에서 졸고 '작은 행복'의 한 구절을 들으며 울컥했던 순간을 잊을 수 없다.

"작은 집이라도 꽤 널찍한 거실 하나에 방 두 개에 수세식 화장실까지 갖추었으니 내게는 제법 고대광실이요, 황희 정승의 비가 새는 움막보다 낫지 아니하냐. 아내와 내가 두 발 쭉 뻗고 누워도 남음이 있는 방이 두 개나 되니, 둘이 살기엔 오히려 넓어 보인다. 이쯤 되면 부러울 것도 없다." 35년 내 공직생활의 자화상이다.

그럭저럭 글공부한답시고 시간 보내니, 세월을 낚기엔 참 좋았다. 한데 살아가는데 어찌 기쁜 일만 있고 궂은일이 안 생기랴. 집안 살림이 축가는 일이 생겼다. 재물하고는 담쌓으라고 사주팔자에 정해지기라도 했는지, 퇴직금과 평창 집을 정리하면서 생긴 기천 만 원이나 되는 목돈을 몽땅 날린 것이다. 그 정도 돈은 부자들이야 용돈으로 치부할는지 몰라도 내겐 자산목록 1호로 목줄이나 매한가지다. 자식이 원수고 무자식이 상팔자라더니….

대학교를 졸업하고 군 제대까지 했으나 직장 하나 잡지 못하고 객지 떠돌이 생활하던 막내 녀석이 꽤 많은 빚을 지고 잠적해 버렸다. 몇 해 지나서 데려오긴 했으나 빈털터리라 고스란히 그 빚을 떠안았다. 이리저리 변통하여 급한 불을 끄긴 했으나 눈곱만한 여윳돈마저 다 날리고 얼마간의 빚까지 지게 되었다.

현금 자산이 동난 그 일로 일상생활이 뒤뚱거렸다. 아내는 푼돈이라도 벌어야겠다고 허드렛일을 찾아 나섰다. 사모님 소리 듣고 살면서 험한 일을 별로 안 해보던 아내다. 덜 쓰고 좀 쪼들리며 살면 되지 별짓을 다 하려 한다고 극구 말렸지만, 쇠고집을 꺾지 못했다. 조그만 서비스 업소에 청소하러 다닌다. 나는 글공부 한답시고 건들거리기나 하고….

아내가 일하러 다닌 지 어느덧 1년이 돼간다. 덕분에 막내 녀석이 저질러 놓은 빚을 웬만큼 갚았다. 무엇보다 다행인 것은 속 썩이던 막내가 수원에 있는 한 기업체에 취직한 일이다. 꼬박꼬박 저금하며 장가갈 밑천 마련하고 있다 하니 맘 놓아도 될 듯싶다.

이제 매일 아침 "다녀올게." 하는 아내 목소리를 그만 들어야겠다. 하루 3만 원 벌이도 채 안 되는 일터로 떠나는 아내 뒷모습이 얼마나 안쓰럽던지….

그래도 내 글공부 취미 생활은 계속해야겠지. 그러면서 아내랑 손잡고 다닐 수 있는 재밋거리를 찾아보기로 하자. 이런 일상을 지탱하는 버팀목이 바로 연금이다. 늘 그 고마움을 잊지 않는다. ❡

❡ 사비夜행 유감

'사비夜행, 밤을 기다리며…. 부여 궁남지'

한 페이스북 친구가 자신의 타임라인에 올린 사진 설명문이다. 이런 국적 없는 글을 보면 비위가 상한다. 제 딴엔 고향 마을의 축제를 자랑하면서 널리 알린다고 올린 모양인데….

'사비夜행'이 대체 뭔 뜻이람? 한참이나 고개를 갸웃거리며 골똘히 머리를 굴려서야 겨우 알아차릴 수 있었다.

'사비'는 백제의 수도, 부여의 옛 이름이다. '야행'은 밤에 길을 가거나 밤에 활동함을 뜻하는 말. 그러니 '사비(泗沘) 야행(夜行)', 즉 사비- 백제문화를 야간에도 즐기는 축제라는 뜻으로 쓰인 모양이다. 축제 누리집을 찾아 살펴보니 이 행사를 소개하는 글의 문구가 이러했다.

"2016 부여군 사비야행 '백제의 밤, 세계유산을 깨우다'

문화재가 집적된 지역을 거점으로 주변의 문화시설과 연계한 야간 문화향유 프로그램을 운영, 지역의 브랜드 가치 향상 및 국내외 관광객 유인을 통한 지역경제 활성화를 도모하고자 함. 夜景, 夜史, 夜華, 夜路, 夜說, 夜食, 野宿 등의 프로그램…."

밤 '야(夜)'자를 앞에 붙여 별별 말을 다 써놓았다. 한데 야숙은 왜 야숙(夜宿)이라 하지 않고 야숙(野宿)이라 했는지 모를 일이다.

'夜행', 이건 또 어느 나라 말이냐. 굳이 '夜행'이라고 축제 이름을 지어야 했나. 한글도 아니고 한문도 아닌 글자의 어정쩡한 조합, 한글로 '야행'이라 하면 그 뜻을 모를까 걱정했다면 한자만 써서 '夜行'이라 하던지. 한 글자는 한문이고 한 글자는 한글인 이런 말도 안 되는 말, 제 혼이 빠진 말을 쓰면서 무슨 백제문화를 계승 발전하겠다고 떠벌리는지 한심할 뿐이다.

도대체 이를 기획한 자는 누구일까. 부여군 공무원이냐. 행사를 대행하는 용역회사 직원이냐. 하긴 이들만을 탓할 게 아니다. 여기만 그런 게 아니라 온 천지가 이런 유의 괴상한 문구로 더럽혀지고 있으니 말해 무엇하랴.

사진 올린 페이스북 그 친구가 무슨 죄 있으랴만 답답한 심정에 댓글을 달아 푸념하였다.

"다 좋은데요. '사비夜행'이라? 대체 뭔 뜻인지. 언제부턴가 이런 정체 없는 말과 글이 판치는데, 모든 사람이 다 알아들을 수 있는 우리말로 축제 이름을 지으면 안 되는지요."

'사비夜행' 축제 구경하러 부여로 나들이할까 하다가 마음 돌렸다. 허투루 쓰는 우리 나라말이 온 사회에 유행처럼 번지고 있다. 이 슬픈 현실을 어찌하면 좋으냐. ❡

도산월야영매(陶山月夜詠梅)

얼마 전에 새로 산 휴대전화가 맘에 쏙 든다. 틈만 나면 들었다 놨다 하면서 새로운 기능을 익히느라 분주를 떤다.

한데 옥의 티라고나 할까. 공짜로 받은 케이스가 영 시답잖다. 판매점 점원이 서비스하겠다며 끼워준 것이다. 매장에서 볼 때는 번쩍번쩍 빛나는 게 좋아 보였는데 며칠 써보니 질이 썩 좋지 않다. 몇 번 쓰지 않았는데 카드꽂이 이음새가 터져서 접착제로 붙여야 했다.

그래도 그냥 쓰지 뭐 했는데 휴대전화를 집을 때마다 맘에 걸린다. 먼저 쓰던 케이스는 별도 구매한 고가품으로 아주 질 좋은 것이었다. 그것과 비교하니 더 볼품없어 보인다.

어쩔까 망설이다가 오래 고민할 거 뭐 있나 당장 바꿔야겠다는 심산으로 인터넷 쇼핑몰을 뒤졌다. 참 가지가지 많기도 하다. 종류도, 가격대도 다양하다. 몇천 원에서 몇십만 원까지, 선뜻 고르기가 쉽지 않다.

한참을 뒤져 내 취향에 맞는 케이스를 하나 골랐다. 에코스킨몰에서 판매하는 '에코스킨 오리엔탈 페인팅 월렛케이스'로 문어 빨판 덮개 스타일'이라는 제품, 14.900원짜리다.

뭔 이름이 온통 영어투성이람? 길기도 하다. 이름만 보고는 영살 맘이 없는데 디자인이 흔들리는 마음을 붙들었다. 가격대가 싸지도 비싸지도 않은 게 내 처지에 딱 맞기도 했다.

문어 빨판이라고 하는 흡착판으로 겉덮개와 휴대전화 액정을 고정하도록 한 것도 특이하다. 카드 꽂는 데가 네 군데나 된다. 흡착판을 이용하여 거치대로 쓸 수도 있다.

더 내 마음을 당긴 것은 이 제품의 디자인. 다른 제품의 케이스는 겉에 아무런 장식을 하지 않은 게 대부분이다. 더러 회사 로고가 찍힌다.

그런데 이 제품은 다르다. 아주 예쁘고 독특한 문양을 디자인해 놓았다. '오리엔탈', 이름 그대로 동양적인, 특히 내 취향에 맞는 동양화 문양을 장식해 놓은 것이다.

그림 종류는 '菊花', '陶山月夜詠梅', '松樹', '雪修竹', '白虎, '修行達摩', '行先達摩', '面壁達摩' 등 모두 여덟 종이었다. 다 좋은 그림이었다. 그 가운데 내가 고른 것은 '陶山月夜詠梅'였다.

매화가 활짝 피어 있는 그림인데 '陶山月夜詠梅'라고 내리쓴 행서체 글씨가 돋보였다. 도산 달밤에 매화를 읊는다. 처음 보는 문구라 시 제목인지, 시구 가운데 하나인지 알 수 없지만, 그 속뜻이 알 듯 모를 듯, 가슴을 훈훈하게 한다.

이 정취가 얼마나 좋으냐. 내가 꿈꾸는 세상이다. 무릉도원이 바로 이런 경지가 아니겠나. 내 몸이 박복하여 그런 삶을 몸소 겪지는 못하나마 흉내라도 내보려는 심산에서 이를 골랐는지 모른다.

그래 흉내라도 내보자. 매일 끼고 살아야 할 이 휴대전화. 만질 때마다 달밤에 매화 읊는 시흥에 젖어 보자. 썩은 냄새가 물씬한 무료한 일상에 새순이 돋고, 꽃이 피어 그 향기가 노곤함을 덜어 주리라.

아 그런데, 주문 결제하고 나서 이 문구에 관해 알아보니 퇴계 이황 선생님의 한시 작품 제목이 아닌가. 내 주제에 감히 퇴계 선생님의 경지를 훔치려 하다니…. 건방졌구나. 잘 고른 건지 어떤지 혼미하다. 하나 아무려면 어쩌랴.

이 시를 컴퓨터 내 문서 폴더에 저장하고 몇 번인가 되뇌며 내 우행(愚行)을 조롱했다.

陶山月夜詠梅

이 황

獨倚山窓夜色寒(독의산창야색한) 梅梢月上正團團(매초월상정단단)
不須更喚微風至(불수갱환미풍지) 自有淸香滿院間(자유청향만원간)

步屧中庭月趁人(보섭중정월진인) 梅邊行繞幾回巡(매변행요기회순)
夜深坐久渾忘起(야심좌구혼망기) 香滿衣布影滿身(향만의포영만신)

晩發梅兄更識眞(만발매형갱식진) 故應知我怯寒辰(고응지아겁한진)
可憐此夜宜蘇病(가련차야의소병) 能作終宵對月人(능작종소대월인)

혼자 산창에 기대니 밤기운 차고
매화나무 끝에 달이 떠올라 이제 막 둥글어지네
반드시 다시 미풍이 불어오지 않아도
맑은 향기 뜰에 가득하네

나막신 신고 뜰을 거니니 달이 사람을 따라오고
매화 곁을 거닐며 돈 것이 몇 번이던가
밤 깊도록 앉아 있어 돌아갈 일 잊고 있는데
향기는 옷에 가득, 그림자는 몸에 가득

늦게 피는 매화꽃, 참뜻을 새삼 알겠네
일부러 내가 추위에 약한 것을 알아서겠지
가련하다, 이 밤 내 병이 나을 수만 있다면
밤새도록 달만 보고 있겠네. ❡

❡ 삼강주막

세간사, 특히 정치 놀음판을 기웃거려 봐야 내 소용에 닿는 게 별로 없다. 그걸 잘 알면서도 틈만 있으면 정치뉴스를 본다. 방송은 뉴스 채널만 골라보고 인터넷 정치기사를 뒤적이면서 혀를 차기도 하고 고개를 끄덕이기도 한다. 내 주제에 그래서 어쩌겠다는 것이냐 자책하면서도 그런 뉴스를 또 보면서 하루해를 보내곤 한다.

19대 국회 임기가 시작되었는데 국회의장을 선출하지 못해 삐걱거린다는 소식이 언짢다. 18대 국회 박희태 전 의장의 한나라당 경선부정 사건 1심 공판 소식도 이맛살을 찌푸리게 한다. 검사가 1년 징역형을 구형했다. 판사가 어떻게 판결할지 모르지만, 피의 사실을 시인했다고 하니 무죄판결을 받긴 틀린 게 아닌가. 세상에! 법을 만드는 사람들이 모인 국회의 수장이 어쩌다 이 지경에 이르렀는지….

그를 둘러싼 이러저러한 이야기를 듣자니 예천 삼강주막에서 보았던 '들돌'이 떠오른다. 공직에서 퇴직한 다음 해 이른 봄날 어느 날이었다. 조선 시대 마지막 주막이라는 삼강주막 이야기가 실린 한 신문을 우연히 보게 되었다. 당시 한나라당 대표였던 박희태 전 국회의장이 곧 있을 4·29 보궐선거에 출마하지 않겠다고 선언했는데 이 삼강주막에 들렀을 때 결심을 굳혔다는 기사가 눈길을 끌었다.

경상북도 동북부 지방을 한 바퀴 돌고 서울로 올라가는 길에 여기에 들렀단다. 낙동강 바람을 쐬면서 평상에 앉아 막걸릿잔을 기울이는데, 부인이 "저 유유히 흐르는 장강처럼 인생도 그렇게 사는 것이 좋지 않겠냐."고 하더란다. 그 말을 듣고 낙동강을 한 번 더 바라봤더니 참 평온하게 유유히 흘러가더라나. 그리고 얼마 되지 않아 그는 불출마라는 중대 선언을 했다.

당시 그 선언은 정치판에 적잖은 파장을 불렀다. 왜 그랬을까. 나도 그 이유에 관심이 컸지만 그런 결심을 하는데 한몫을 했다는 '삼강주막'이 어떤 곳인지가 더 궁금했다. 그곳에 달려가고 싶은 생각이 바람맞은 불꽃처럼 일었다. 공직에서 물러난 자유의 몸, 매인 처지가 아니니 언제고 어딘들 못 갈쏘냐. 어디로 가야 하는지, 어떤 곳인지를 이리저리 알아보고 그다음 날 길을 나섰다.

'삼강주막'은 낙동강, 내성천, 금천 세 강이 한데서 만나 낙동강 줄기를 이루는 곳, 예천군 풍양면 삼강리(三江里)에 있다. 여기에 아주 먼 옛날부터 나루터가 있었다. 김해에서 올라오는 소금 배가 안동 풍천면 하회마을까지 오갈 때 들러 가는 길목이었다. 문경새재

넘나들며 과거 치르는 선비, 한양 오가는 시인・묵객, 보부상들이 꼭 걸치는 쉼터이기도 했다. 늘 길손으로 붐비니 주막이 생겼음은 당연한 일. 1900년대에 세워진 '삼강주막'에 낙동강 마지막 주모로 불리던 유옥연 할머니가 혼자 살면서 전통의 맥을 이어오다 2005년도 10월 90세로 세상을 떠났다. 이태 후인 2007년도에 발길 뜸하던 이곳을 경상북도에서 민속자료 134호로 지정하고 옛 주막을 복원하여 관광지로 꾸몄다. 미리 살펴본 삼강주막이다.

평창 집에서 두어 시간 남짓 달려가 만난 삼강마을의 첫인상은 그리 탐탁하지 않았다. 어느 관광지에서나 흔히 볼 수 있는 그저 그런 낯익은 풍경. 그날따라 찾은 사람마저 뜸하여 더욱 썰렁해 보였다. 나룻배, 소금장수, 주모 할머니의 옛 자취는 물론 최근 중대결심을 예서 굳혔다던 한나라당 대표가 어디에 앉았던지 헤아릴 길 없었다. 주막 앞에 먼지 뒤집어쓴 평상이 두어 개 놓여 있다. 그 위에 눌러앉은 파리 떼도 졸고 있었다.

왠지 허전해지는 감정을 삭이며 주막을 둘러싸고 있는 제방 위로 올라갔다. 유유히 흐르는 낙동강 물줄기가 한눈에 들어온다. 강가에 넓게 펼쳐진 모래톱이 햇빛을 받아 반짝거린다. 나루터가 어디쯤이었을까. 부질없이 그 자취를 더듬는데 의연하게 서 있는 한 그루 아름드리나무가 다가선다. 회화나무다. 그 나이가 250살쯤 되었다고 한다. 오랜 세월 온갖 풍상을 겪은 이 나무가 저간의 사정을 알 듯하나 애써 지난 세월의 비밀을 털어놓지 않으려 한다. 그 나무를 쳐다보고 밑동을 어루만지며 지난 세월을 가늠하는

데 바로 옆에 둥그스름하게 생긴 돌덩이 하나가 보인다. 나지막한 보호책에 둘러싸여 있다. 웬 물건인고? 그 앞에 세운 안내판을 살펴보았다. '들돌'이라는 처음 보는 명물이었다. 그 설명을 요약하면 이렇다.

"농촌에서 청년들이 농부로서의 역량을 인정받는 의례에서 '들돌'이 생겼다. 여기 '들돌'은 나루터와 주막을 중심으로 물류의 이동이 늘어 인력이 많이 필요하게 되면서 품삯을 정하는 잣대로 쓰였다. 현재 남아 있는 돌은 타원 모양으로 50㎏ 정도 나간다."

주막에서 '들돌'이라는 명물을 만날 줄이야. 처음 보는 것이라 신기하기도 했거니와 무엇보다 그 용처가 흥미를 끌었다. 드는 정도에 따라 일꾼들의 품삯을 정하는 데 쓰였다는 들돌. 그 옆 평상에 앉아 막걸리 마시던 여당 대표도 이를 보았을까. 보았다면 어떤 생각을 하였을까. 내가 저 들돌을 들어야 할 처지라면 얼마나 들 수 있을까 하는 생각이 불현듯 스쳤다. 쌀 40㎏ 한 포도 낑낑거리며 겨우 들어야 하는 몸이니 품삯은커녕 아예 일꾼 축에 끼지도 못했을 성싶다.

그날 이후 정치판이 부끄러운 소식으로 시끌벅적할 때면 들돌을 생각하게 된다. 괜스레 선거합네 하고 돈 쓰지 말고 들돌 들기로 정치하는 사람들을 뽑으면 어떨까 하는 뚱딴지같은 생각을 해본다. 그러지는 못해도 그들이 드나드는 현관 어디에다가 저 들돌을 갖다 놓고 '옛사람은 이 돌로 사람을 뽑았느니라.' 하고 가르치면 어떨까. 그런다 해도 돈 봉투 돌리는 사람들이 나오겠지.

장강처럼 유유히 살면 좋겠다던 그 부인의 말이 귓전을 맴돈다. 틈내서 삼강주막에 다시 한번 가보아야겠다. 이번엔 아내랑 같이 가야지. 들돌을 어루만져 보자. 그리곤 평상에 앉아 막걸릿잔을 기울여보자. 제2 인생을 살아가는데 결심해야 할 어떤 일거리가 있는지 곰곰 생각해 보아야겠다. 아내는 무슨 말을 하려나 자못 궁금하다. ❡

청풍호반길

매 일상이 연휴인 나에게 명절 연휴가 무슨 의미가 있을까. 그래도 연휴를 보낼 때면 남들처럼 행락 행렬에 한 다리 끼고 싶은 충동이 인다.

올 추석에도 그랬다. 연휴 마지막 날이었다. 나들이하기에 안성맞춤인 날씨가 유혹하며 어디론가 떠나보지 않겠느냐고 한다. 갈 데를 잘 정하는 게 문제일 뿐 다른 걸림돌은 없다. 몇 군데 목적지를 놓고 재다가 청풍호를 택했다.

집에서 가장 빠르기는 중앙고속도로를 타고 가는 길이다. 청풍호 관문인 남제천나들목까지 40여 분 거리다. 이 길로 갈까 하다가 다른 길, 평택-제천고속도로를 이용해 보기로 했다. 왜냐면 이 노선 중 개통한 지 얼마 되지 않아 가보지 않은 길이 있기 때문이다. 충주-제천 구간이다. 여행의 흥취는 낯익은 길보다는 낯선 길에서 더 맛깔나게 즐길 수 있다. 가뿐한 마음으로 길을 떠났다.

중부내륙고속도로 여주분기점에서 남쪽으로 내달리다가 충주분기점에서 평택-제천 고속도로로 갈아탄다. 여기서 동충주 나들목을 지나 얼마 달리지 않으면 중앙고속도로 제천분기점을 만난다. 이 분기점은 곧바로 남제천 나들목으로 이어진다. 생각보다는 차가 붐비지 않았다. 서울 가는 반대 방향이니 그렇기도 하지만 이 노선 자체가 다른 데 비해서는 교통량이 적은 편이다.

벚꽃 터널 길로 유명세를 치르는 금성-청풍 간 지방도로 빠졌다. 한적하다. 어느 해인가 주말에 벚꽃 축제 구경 왔다가 차와 인파에 치여 고생했던 생각이 떠오른다. 벚나무 이파리에 가을 물기미가 뚜렷하다. 거무튀튀한 그루터기는 언제 보아도 교만하다.

군데군데에서 도로 개수 공사가 한창이었다. 차로를 넓히고 개량하는 일도 중요하지만, 보행자 통로도 같이 개수해야 하지 않을까 하는 생각이 들었다. 벚꽃이 한창일 때 이 길로 다녀본 사람은 다 느꼈으리다. 보행로가 없다. 벚꽃 향기를 맡고 걸으면서 그 화사한 모습을 카메라에 담고 싶어도 밀려드는 차량 횡포에 엄두를 낼 수 없다. 차창으로만 내다보고서 어찌 벚꽃의 화사함을 다 느꼈다 하겠는가. 하긴 뭐 지방재정이 넉넉하다면야 뭐든 못하랴.

이런 생각을 접어두고 갈 길을 재촉했다. 청풍면 소재지 서북쪽에 '비봉산'이라는 그리 높지 않은 산 하나가 있다. 이 산자락 둘레를 한 바퀴 도는 길이 '청풍명월길'이다. 호수를 끼고 도는 코스여서 경관이 좋다고 소문난 길이다. 이 길을 드라이브해 보는 게 오늘 여정의 주목적이다. 돌아보는 길에 비봉산 정상에 오르는 관광 모노레일이 있다 하니 이것도 한번 타 볼 작정이다.

면 소재지를 조금 벗어나니 '청풍명월길' 출입구가 나왔다. 2차선 도로이나 길폭이 퍽 좁아 보였다. 호숫가에 갈 때까지 얼마간은 마을 사이로 난 밋밋한 길을 달려야 했다. 중간 지점에서 모노레일 승차장을 만났다. 관광버스도 몇 대 서있고 꽤 많은 사람으로 붐볐다.

담배 한 대 피우는 사이에 아내가 모노레일 매표소에 다녀왔다. 이런 젠장, 3시가 넘어야 자리가 난다고 한다. 예약하고 올걸. 세 시간씩이나 기다렸다 탈 일은 아니다 싶어 발길을 돌렸다.

주차장을 떠나 조금 달리니 길 저편으로 호수가 보였다. 그러나 애석하게도 기대했던 만큼의 욕구를 채울 수는 없다. 길에서 호수까지는 상당한 거리로 떨어져 있다. 언덕과 풀숲이 시야를 가려 호수 정경을 제대로 바라볼 수가 없다. 모노레일을 타고 비봉산 정상에 올라가 충주호 전경을 한눈에 담아 보았어야 했는데 그마저 부도났고…. 아쉬움이 마음속에서 요동치나 사후약방문이다.

청풍명월길은 짧았다. 좀 조망이 좋은 데가 나오겠지, 기대를 버리지 않고 천천히 차를 모는데 호수는 보이지 않고 어느새 도로 끝 지점에 이르렀다. 출발지였던 면 소재지다. 어쩔 수 없지.

구경은 제대로 못 했더라도 점심 끼니는 때워야지. '청풍명월'이라는 민물고기 매운탕 집에서 우렁이 쌈밥을 먹었다. 아내가 시장했었는지 맛있다 하면서 밥 한 공기를 다 비운다. 덩달아 내가 느끼는 밥맛도 좋다. 그러고 보니 오전 시간엔 '청풍명월'에서 즐겼구나. 청풍면에서 청풍명월길을 달려보고 청풍명월에서 맛있는 점심을 먹었으니 우리 마음도 청풍명월이 되었으려나.

오후엔 청풍호반 북쪽 '호반길'을 드라이브했다. 충주댐을 만들면서 옮겨 만든 길이다. 제천 금성면에서 충주 동량면을 잇는 지방도 532호선이다. 양쪽 입구만 포장이 되었고 노선 대부분이 1차선 길폭의 비포장도로였다.

이 도로는 충주댐 건설로 인해 충주호 북부지방 일대 마을이 수몰되면서 침수되지 않은 마을을 잇기 위해 건설하였다고 한다. 충주호 수몰선 윗부분의 산부리 형세대로 길을 닦아서 말 그대로 굽이굽이 꼬부랑길이다. 대관령옛길이 아흔아홉 굽이라던데 이 길은 오름 내리막이 없다뿐이지 굽이 수만으로는 그 배나 되어 대관령의 할아버지뻘이었다.

오랜만에 굽이굽이 자갈길을 먼지 날리며 달려보니 색다른 매력을 한껏 느낄 수 있었다. 그리고 옛적 생각이 떠올랐다. 평창군청에서 강원도청에 출장 다니던 그 길, 방림 문재, 안흥 전재 비포장 자갈길….

참 많이도 넘나다녔었지. 지금은 두 곳 다 터널이 뚫렸다. 빠르고 편하다. 하지만 정취가 없는 메마른 길이다. 날로 숨 가쁘게 바뀌는 세상살이를 어찌 거역하랴. 순응하며 살아야지 하면서도 왠지 마음 한편은 허전하다. 해가 뉘엿뉘엿할 무렵에 집에 돌아왔다. 백수가 보낸 추석 연휴 마지막 날 여흥을 반추하느라 늦게 잠자리에 들었다. ❡

망경대

40여 년 넘게 일반인 출입을 통제하였던 남설악 '만경대' 탐방 코스를 개방한다는 소식이 들린다. 신문마다 다루고, TV 방송에서도 며칠째 주요 뉴스로 내보내고 있다. 얼마나 좋은 곳이기에…. 부쩍 가봐야겠다는 충동이 인다.

오늘 낮에도 한 방송에서 이 뉴스를 보았다. 그런데 잘못 들었는지는 몰라도 '만경대'라고 말하면서 '망경대'라고 표기한 자막 화면을 내보낸다. 속으로 참 한심하다는 생각을 하면서 욕을 했다. 뭔 방송사가 자막 하나도 제대로 다룰 줄 모르나. '만경대'를 '망경대'라 하다니.

채널을 돌렸다. 거기서도 이 소식이 나오는데 '망경대'라고 한다. 언뜻 내가 잘못 알고 있는 게 아닐까 하는 생각이 스친다. 인터넷 검색창을 두드렸다.

네이버 '지식백과'에 표제어 '만경대'가 여러 개 나온다. 동해시

북평동에 있는 누각, 서울 삼각산 만경대, 장편소설 『만경대』, 평안 정주시 서남쪽 고개 등등. 이상하다. 설악산 만경대는 없다. 다시 자세히 살펴보아도 없다.

'망경대'라 고쳐 검색해 보았다. '망경대'라는 이름이 많기도 하다. 청계산 주 봉우리인 망경대를 필두로 열댓 개 넘게 나온다. 그 가운데서도 설악산 망경대는 없다. 잘못 봤나 싶어 다시 쭉 살피는데 설악산, 오색약수터, 남설악 등으로 된 표제어 설명 속에 망경대가 나왔다.

그렇다면 방송에서 내보내는 자막 '망경대'가 맞는 표기라는 말인가. 내가 잘못 알고 있었구나. 그래도 미심쩍어 지도 검색을 해 보았다. 네이버 지도엔 '망경대'가 아닌 '만경대'로 검색된다. 주요 신문 인터넷판은 남설악 '만경대'라 쓰고 있다.

설악산 국립공원 홈페이지 지도에는 '망경대'로 해놓고 홍보 문안에서는 망경대(만경대)라고 씌었다. 망경대를 만경대라고도 하는가 보다. 대체 공식 명칭은 무엇이란 말이냐. '만경대'와 '망경대'라는 명칭이 한두 군데가 아니니 잘못 찾아가는 행락객이 있을까 저어된다. 별걱정을 다 하는구나. 할 일 없는 낭객의 외로운 넋두리일 뿐이다.

저녁 밥상머리에서 여기 오색약수터 만경대에 가자는 얘기를 꺼냈더니 아내는 듣는 둥 마는 둥 대꾸가 없다. 어떻게든 꼬여서 데리고 가봐야지 하는 생각을 굳혀보는데 괜스레 마음이 싱숭생숭하다. 이 가을을 어찌 보낼꺼나. 내 방으로 들어가 가을 시 한 편을 주절거려 본다. 그러면서 이 가을이 가기 전에 만경대를 다녀와야겠다고 별렀다. 낙엽 밟는 소리를 내고 싶다. 그 소리를 들으며 삶을 노래하고 싶다. 가을이 다가온다.

낙 엽

레미 드 구르몽*

시몬, 나무 잎새 져버린 숲으로 가자
낙엽은 이끼와 돌과 오솔길을 덮고 있다

시몬, 너는 좋으냐? 낙엽 밟는 소리가

낙엽 빛깔은 정답고 모양은 쓸쓸하다
낙엽은 버림받고 땅 위에 흩어져 있다

시몬, 너는 좋으냐? 낙엽 밟는 소리가

해 질 무렵 낙엽 모양은 쓸쓸하다
바람에 흩어지며 낙엽은 상냥히 외친다

시몬, 너는 좋으냐? 낙엽 밟는 소리가

발로 밟으면 낙엽은 영혼처럼 운다
낙엽은 날갯소리와 여자의 옷자락 소리를 낸다

시몬, 너는 좋으냐? 낙엽 밟는 소리가

가까이 오라, 우리도 언젠가는 낙엽이니
가까이 오라, 밤이 오고 바람이 분다

시몬 너는 좋으냐? 낙엽 밟는 소리가. ❡

*레미 드 구르몽: 프랑스 시인, 문예평론가

시산제 산행길에서

어느 해 한겨울, 소한 무렵 이른 아침에 설레는 마음으로 집을 나섰다. 몸담은 한 산악회에서 시산제 산행을 하는 날이다. 그 목적지는 선자령이었다.

대관령 북서쪽 백두대간에 자리하여 강릉시와 평창군을 가르는 선자령. 천 미터가 넘는 명산이다. 왜 이 산을 '선자산'이나 '선자봉'이라 하지 않고 '재 영(嶺)' 자를 붙여 '선자령'이라 이름 지었을까. 시산제 산행지가 여기라고 해서 몇몇 자료를 뒤져보았다. '대관산', '보현산', '만월산'으로 불렸다는 옛 기록은 있으나 선자령의 유래는 끝내 찾지 못했다.

원주 우리 집에서 선자령 출발 지점인 대관령 고갯마루까지는 1시간 정도 거리다. 전세 버스에 올랐다. 차창 밖으로 흐르는 횡성, 평창 등지의 겨울 풍광이 눈에 익숙하다. 이런저런 상념이 오락가락한다.

오늘 시산제에서 뭐를 빌어 볼까나. 이 겨울도 곧 떠나겠지. 그러면 봄과 여름이 오고 가고 곧 단풍이 들겠지. 봄꽃은 가거라. 오히려 단풍이 좋더구나. 눈발은 싫다. 내 마음은 삭정이처럼 가난해서 서럽다. 근래 산을 자주 찾았던 이유가 이런 마음을 달래 보려 함이 아니었던가.

잡생각 다 버리고 운동이나 열심히 하자. 건강이 최고라 하지 않더냐. 제아무리 아는 게 많다 해도 육신이 썩으면 무슨 소용이더냐. 그런데도 굳이 '선자령' 유래를 알아보려고 몇 시간이나 헛걸음치다니, 이런 내 마음을 참 알다가도 모르겠다.

이름이 무슨 '嶺'인들 어떠며, 무슨 '山'인들, 또 무슨 '峰'인들 어떠리. 세상사 알고도 모르는 척, 그저 산이려니 하고 올랐다가 내려오면 될 일. 박사 논문 쓸 일도 없을 터에 세세하게 알려고 했던 까닭이 무어냐. 뭔 일을 하나 하려면 공연히 조바심하며 궁상떠는 내 모습이 당찮아 실소를 짓게 된다.

산행기점에 당도했다. 원주에서 떠날 때와는 딴판인 날씨가 온몸을 움츠리게 한다. 안개구름이 몰려왔다간 금세 사라지고 또 밀려들고, 잔뜩 흐린 하늘에선 금방이라도 눈발이 쏟아질 듯하다. 쌩쌩 불어대는 골바람이 살갗을 때린다. 맹추위, 맹추위라 하더니 바로 이런 것이구나. 정말 사나웠다. 삶이 매양 이러하다면 어찌 살까 하는 생각이 스쳤다. 어쩐다. 산에 오르는 길은 이보다 더 심할 터인데….

임원진이 시산제 치를 장소를 선자령 마루에서 영동고속도로 준공기념비 공원으로 바꿨다. 날씨 형세를 보아하니 산꼭대기에서는 원만하게 제례를 치르기 어렵겠다는 판단에서였다. 얼음으로 뒤덮인 계단을 올라 공원 한가운데 서 있는 영동고속도로 준공기념비 앞에 섰다. 박정희 전 대통령이 제막하였다는데, 당시 자리를 같이했던 큰 영애(令愛)가 대를 이어 대통령이 된 저간의 사연을 아는지 모르는지, 세찬 바람도 아랑곳하지 않고 의연하게 서 있는 장엄한 모습에 경외감이 일었다. 휘감아 도는 안개 사이로 언뜻언뜻 비문이 보이나 고약한 날씨가 훼방 놓아 한 줄도 제대로 읽어 볼 수가 없다. 거친 골바람이 쉴 사이 없이 언 뺨을 휘갈긴다.

매섭게 몰아치는 칼바람은 멈추지 않는다. 온몸이 얼얼하다. 시산제고 뭐고 경황이 없다. 기념비 제단에 올린 제물이 들썩들썩하고 제주잔이 휙 날아간다. 이런 형편에 어찌 격식을 갖춘 제례를 치르랴. 독축(讀祝)은 생략하고, 헌작 횟수를 줄여서 합동으로 두어 번 절하는 것으로 얼렁뚱땅 시산제를 끝냈다.

이제 본격적으로 선자령 등반길에 나설 참이다. 산악회 회장이 띄엄띄엄 모여 있는 일행에게 큰 목소리로 외쳤다. 날씨가 좋지 않으니 자신이 없는 회원은 남아 있으라고. 어쩔까 망설여지는데, 남겠다는 일행이 없다. 혼자 떨어질 수야 없지. 마음을 가다듬고 등산화 끈을 졸라매었다. 올 한 해 모든 일이 술술 잘 풀리게 하려면 첫 단추부터 잘 끼워야지 않겠나. 각오를 다졌다.

안면 있는 일행 서넛과 짝을 이뤄 산에 오르기 시작했다. 등산로 초입부터 얼마간은 꽤 널찍한 산기슭 길이다. 잠시 바람도 잦

아들어 그런대로 걸을 만했다. 이런 상태가 쭉 이어지기를 바라는 마음이 굴뚝같았다. 이 길로 한참을 걷다가 능선에 올랐다. 낌새가 심상치 않던 날씨가 걱정하던 대로 돌변했다.

살을 에는 칼바람이 얼굴과 가슴을 후려치더니 등허리를 냅다 갈기고는 옆구리를 찌르면서 제멋대로 휘몰아친다. 눈발마저 세차게 흩날린다. 지척도 분간할 수 없을 지경에 어쩌다가 발을 헛디뎌 넘어졌다. 발목이 시큰거렸다. 정신 바짝 차려야지 하고 한 걸음 한 걸음 내디뎌 보나, 거친 숨만 턱에 차오르면서 더 걸을 수 없다. 이대로 벌렁 드러눕고만 싶은 마음에 다리 힘이 풀려 그만 눈밭에 주저앉고 말았다.

한참을 그러고 앉았다가 다시 일어서 더 오르려고 기를 써 보았으나 몸이 따라주지 않는다. 결국, 포기하고 말았다. 정수리가 그리 멀지 않은 팔부능선쯤에서였다. 패잔병처럼 터덜터덜 맥없이 걸어 내려오는 발길이 무거웠다. 내 지나온 삶이 이런 모습이었던가.

속사정 모르는 운전기사가 기력이 좋으시네, 일등이네, 어쩌고 하며 반겼다. 그렇지. 거꾸로 일착도 일등, 어쨌든 일등을 했으니 올 운수가 대통하겠구나. 자괴감에 몸 둘 바를 몰랐다.

얼마 후에 나는 그 산악회에서 탈퇴했다. 분수껏 살아야 하지 않겠나 하는 생각이 들어서였다. 어디 높은 데, 험한 곳, 정상을 정복하는 것만이 산행이던가. 요즘엔 깔딱고개가 없는 둘레길을 자주 걷는다. 혼자 걸으면서, 생각하고 두루 살피는 재미가 더 쏠쏠하다. 그 길에서는 일등, 꼴찌를 다툴 일이 별로 없다. ❡

양평 두물머리에서

아내랑 양평 두물머리에 다녀왔다. 미리 계획했던 일은 아니다. 볕이 따스하기에 드라이브나 하며 봄바람이나 쐬자고 해서 나선 길이다. 목적이 있긴 했다. 며칠 전에 개통한 광주원주고속도로 서원주 나들목을 한번 다녀와야겠다고 벼르던 차였다.

이 나들목은 작년 11월 11일 광주원주고속도로가 개통할 때 같이 열지 못했다. 나들목 운영협약이 부당하다며 원주시 의회가 제동을 걸었기 때문이다. 나름대로 논리가 있겠지만 원주시나 원주시 의회, 고속도로 운영회사, 국토교통부 등 여러 관련 기관이 주민들로부터 뭇매를 맞고 나서야 협약을 보완하여 지각 개통을 했다.

길을 잘 뚫어놓고도 진·출입을 못하는 나들목을 그대로 둔다는 것은 무슨 명분을 붙이더라도 용납할 수 없는 일이다. 세세한 경위를 따져 뭣하랴. 어찌 됐든 애초 예상보다는 빨리 해결되었으니 다행이다. 이 나들목을 이용하면 영동고속도로를 이용할 때보다 서울 가는 길이 빨라진다는데 나야 뭐 얼마나 자주 갈 일이 있으랴만….

집에서 서원주 나들목까지는 15분 정도 걸렸다. 드나드는 차량은 뜸했다. 요금소를 빠져서 서울 쪽으로 내달렸다. 서울 갈 거냐고 아내가 묻는다. 서울에 가면 탄핵집회 하느라 번잡할 텐데 하는 생각이 스쳤다. 서울은 뭐 그렇고 양평 두물머리에나 갔다 오자고 하니 아내는 가타부타 말이 없다.

시원하게 1시간 정도 내달려 양수리 두물머리에 도착했다. '나루家'라는 음식점에서 막국수로 점심을 때우고 두물머리 일대를 돌아보았다. 몇 년 전 들렀을 때와 별반 달라진 모습은 없어 보였다. 마주치는 행락객 중에서 우리 내외와 비슷한 연배는 뜨문뜨문했다. 유모차를 앞세우고 한가로이 걷는 젊은 부부들이 많이 보였다.

이삼십 대 연인들이 밝은 모습으로 장난치는 모습이 눈에 들어온다. 정다워 보였다. 맘속으로 '이들이 살아갈 앞날이 내가 살아온 지난날 같지는 않겠지.' 하는 생각을 해 보는데, 요즘 세상 꼴을 보면 꼭 그렇지 않을지도 모른다는 걱정이 오락가락했다.

점심 먹으면서 잠깐 훑어본 페이스북에서 모 우익 인사가 올린 글이 머릿속을 맴돌며 가슴을 짓누른다.

"언론의 거짓 보도에 영향받아 조성된 쓰레기 언론이 만든 쓰레기 여론은 쓰레기통으로 던져 넣어야지 어찌 대통령 소추장에 넣는가?"

국회가 만든 탄핵소추장 끝머리에서 대통령을 탄핵하는 사유로 여론조사와 촛불 집회 군중 수를 언급했다면서 이를 비판하는 글이다. 젊은이들에게 희망을 주지 못하는 작금의 정치행태가 안타깝다.

사람들로 가장 붐비는 느티나무 곁에 섰다. 남한강과 북한강 두 물이 합수되는 이곳에서 바라보는 강물은 여유롭다. 평화롭다. 앞서가려는 다툼이 없다. 두 물줄기의 시원(始原)을 생각해 보았다. 거슬러 올라가면 고향 땅 평창이 그 발원지다. 오대산, 계방산에서 솟아오른 한 줄기의 샘물이 수천 굽이 물길로 흘러내려 여기에 이르렀다. 고향 땅, 고향 사람들의 숨결이 녹아 있다.

언제부터였을까. 억겁의 세월을 지나는 동안 촌음도 쉬지 않고 흘렀으리라. 저 영원에 비교하면 인생사는 얼마나 덧없는 것이더냐. 4백 년 넘게 살았다는 느티나무에 비교해도 하잘것없기만 한 버러지 같은 삶을 살면서 웬 말이 그리 많은지. '상선약수(上善若水)', 노자의 가르침이 떠올랐다.

4대강 정비 사업을 하면서 잘 정비한 산책길을 따라 서남단 쪽으로 천천히 걸으면서 봄 향기를 느껴본다. 풀이 파릇파릇 돋아날 때 왔으면 더 좋았겠다고 아내가 그런다. 바로 대꾸하지는 않았지만 속으로 그래 한 번 더 오자고 중얼거렸다.

섬 남단 산책로 반환점에서 '두물경 비석'을 만났다. 비 앞면에는 '두물경'이라는 붓글씨가, 뒷면에는 황명걸의 '두물머리에서'라는 시가 새겨져 있었다. 황명걸이 어떤 인물인지 궁금했다. 집에 돌아가서 알아보아야지 하면서 시구를 카메라에 담았다. 여기 두물머리를 옛날에 '족잣여울'이라고 했다는 사실과 황명걸 시인의 고향이 평양이라는 게 흥미로웠다.

"북한강 남한강 두 물이 합수해 한강 이루듯 남북이 하나 되어 고향길 열리길 비네."라는 마지막 연의 시구가 가슴을 아리게 했다. 그 전문을 옮겨본다.

두물머리에서

황명걸

겸재의 족잣여울과는 달라졌으나
북한강 남한강 두 물 합치며 묘를 이룬
두물머리는 한 폭 청록산수라
예나 이제나 산자수명이라

내 본향 평양 유동
양각도를 품은 대동강 가, 두물머리 닮아
양평을 제이의 고향 삼아 살며
두물머리에 나가 대동강을 그린다

아침에는 북한강 물안개에 할머니 뵙고
저녁에는 남한강 잔물결에 삼촌을 만나고
사방이 시원히 트인 두물머리에 서서
북한강 남한강 두 물이 합수해 한강 이루듯
남북이 하나 되어 고향 길 열리길 비네.

시비를 둘러보고 산책로를 천천히 걸으며 주변을 살피는데, 두 그루 버드나무에 걸쳐 설치한 조형물이 눈에 들어왔다. '가시나무 배'라는 설치미술 작품이었다. 바깥 미술 두물머리전 '서 있는 강' 행사 때 전시하였던 신창섭의 작품.

그 설명이 인상적이었다. 눈물이 흘러 배가 되었단다. 그리고 살아있다는 건 어딘가로 떠날 수 있다는 것이란다. 나뭇가지를 얽어 만든 저 작은 배에 이 몸을 싣고 어딘가로 떠나볼까나. 밋밋하게 걷는 것보다는 이런 작품과 벗하니 한결 개운하다. 작품과 설명문을 스마트폰에 담았다.

가시나무 배

신창섭

작업하다 박힌 너의 아픔
휘 한 모금 삼키며 그려보네
가시는 외롭다는 눈물
눈물이 흘러 배가 되었네
살아있다는 건 어딘가로 떠날 수 있다는 것.

이 작품에서 그리 멀지 않은 곳에 자그마한 비 하나가 보였다. 무슨 비일까. 그냥 지나치려다 다가가 눈여겨 살펴보니 추모비다.

대한체육회에서 이곳 두물머리 일대를 요트훈련장으로 활용하고 있었다. 단국대학교 요트부가 여기에서 훈련하다 배가 뒤집히는 사고가 일어났다. 1985년 4월 6일이었다고 하니 32년 전이다.

당시 24살이던 김동수, 21살이던 안태순이 이 사고로 꽃다운 목숨을 잃었다. 이 비는 그 학생들을 추모하기 위하여 2013년 4월 6일 단국대학교 요트부에서 세웠다고 한다. 비문에는 간략한 사고 경위와 문학을 좋아했던 김동수 학생이 재학시절에 쓴 「햇빛이 짧지만 않았어도」라는 시가 새겨져 있었다.

햇빛이 짧지만 않았어도

김동수

햇빛이 짧지만 않았어도
꽃은 긴 그림자를 드리우지 않았으리라
성숙을 향한 영원한 기다림 없어도
나는 그리워하지 않았으리라

사랑을 깨치는 작별이 있어도
나는 상한 시는 쓰지 않았으리라

이별이면 그뿐
다시 만나질 못하는 인간의 자리
저문 햇빛 속에서
생명을 타는 꽃처럼
바스러지는 황혼
아찔거리는 기별을 사는
인간의 거리

영원할 수만 있었어도
나는 연연해 하지 않았으리라

서로 모르는 거리 그립고 그리워
하늘 한 모서리 가슴 사무쳐
땅 한 모퉁이 귀 기울여
신도 잠든 깊은 밤에
푸르게 푸르게 눈이 나린다

향기조차 감추어버린 천사의 순수도
변화무쌍 애절을 타는 아린 가슴을 숨어들어
꽃으로 꽃으로 공허처럼 피어나는
영원한 나의 宿이여

고열한 불꽃처럼 스스로 태우며 가리이다
나의 宿이 잠자는 곳으로

태워서 태워진 빈 마음 나신으로 서서
햇빛이 끝없이 피어 만발한
나의 마지막 땅에서
푸른 바람으로 노래하리이다.

산다는 게 뭔지. 김동수 군과 안태순 군이 그날 사고를 당하지 않고 살아있다면 50대 중반이 되었을 거다. 어떤 삶을 살고 있을지 헤아려본들 무슨 소용이랴. 문학청년이었다는 동수가 요트선수로 성공하진 않고 문학의 길로 진로를 바꾸어 저명한 시인이 되었을지도 모른다는 생각이 잠시 스쳤다. 두 학생의 명복을 기리며 주차장으로 발길을 옮겼다.

집에 돌아오니 아범네가 와 있었다. 봄맞이 여흥을 삼겹살 구이로 마무리했다. 다 모이니 우리 식구가 열둘이다. 백일 지난 막내 손자 시유가 방긋거린다. 할아비를 알아보는가 보다. 아무쪼록 우리 아이들이 잘 자라주기를…. ❡

❡ 바다부채길을 걸으며

강릉 '바다부채길'을 개통한다는 소식이 신문, 방송 뉴스를 타고 속속 올라온다. 다녀온 사람들의 탐방 후기가 인터넷을 달군다. 대체 얼마나 좋은 곳이기에….

소문난 잔치에 비지떡이 두레 반이라는 속담이 있다. 그 말대로, 선전이 요란한 데를 소문만 믿고 찾았다가 실망한 적이 한두 번이 아니다. 여기도 그런 곳이 아닐까 선뜻 나서기가 좀 저어되나 하도 선전을 해대니 구미가 당긴다. 뉴스 기사와 탐방기를 눈여겨보면서 기회를 엿보다가 어느 봄날에 다녀왔는데, 소문난 잔치만은 아니었다. 비지떡만 맛본 게 아니었다.

그날 아침 8시쯤 집에서 출발했다. 미리 살펴 머릿속에 담아둔 탐방 정보를 되새기며 차를 몰았다. 평일 이른 시각이어선지 차 밀리는 데가 없다. 뻥 뚫린 고속도로를 내달리는 기분이 유난히 상쾌하다. 진부에서 횡계까지 곳곳에 자욱하게 끼어 있던 안개는 대관령을 넘어서자마자 말끔히 가신다.

탐방 시점으로 잡은 심곡항에 도착하니 10시경이다. 바다 날씨는 더할 나위 없이 쾌청하다. 심곡항은 처음 가보는 곳이다. 항구는 소박하고 아담했다. 고기잡이 나갔는지 정박한 배는 한두 척만 눈에 뜨이고, 부둣가에는 꽤 많은 사람이 북적거렸다. 행색을 보아하니 대부분 우리 부부처럼 부채길을 탐방하러 온 행락객인 듯하다.

항구 동북쪽 모서리에 떡 버티고 앉아 있는 큼직한 바위가 탐방 시작점이었다. 바위 앞에 세운 안내 간판을 유심히 살펴보았다. 3㎞ 정도 되는 정동-심곡 해안단구 탐방로는 우리나라 건국 이래 단 한 번도 민간에게 개방된 적이 없는 곳, 전국 최장거리 해안단구로 천연기념물 제437호라는 안내 문구가 눈길을 끌었다.

'바다부채길'이라는 이름은 이 지역 출신 이순원 소설가가 근방에 있는 '부채끝'이라는 지명에서 착안하여 지었다고 한다. 바다를 향해 부채를 펼쳐놓은 듯한 지형특징을 살려 쉽게 부르고 기억하라고 그렇게 지었다는 설명인데 내가 보기에는 알쏭달쏭하다.

또, 부채길 해안단구가 동해 탄생의 비밀을 간직하고 있다는 설명이 흥미롭다. 원래는 일본 땅과 붙어있다가 2천만여 년 전에 지각변동으로 분리되면서 이 바다가 태어났다고 하니 백 년도 못 살면서 아옹다옹하는 인간사가 부끄럽다는 생각이 들었다.

철제 계단을 따라 바위 위에 올라섰다. 일망무제의 동해가 한눈에 들어온다. 바다만 보면 가슴이 뛴다. 하늘과 바다가 농담의 차이는 있지만 한 색깔로 푸르다. 고요한 작은 호수에 이는 물결처럼 파도는 잔잔했다.

부채길 산책로를 걷기 시작했다. 바다와 맞닿은 깎아지른 절벽 밑으로 새로 만든 길이다. 바다와 붙은 절벽 밑이니 쉬이 길을 낼 수가 없어서였겠지. 대부분 구간이 철재나 목재로 만든 해안 인도교로 이루어졌다. 마주 오는 사람과 비키려면 어깨가 부딪힐 정도로 좁았다.

경관은 울릉도, 홍도 등 내로라하는 해안 경승지와 우열을 다툴 만했다. 반세기 넘도록 민간에게 개방하지 않아 태곳적 모습을 그대로 간직하고 있다 하니 그 비경을 어찌 놓칠쏘냐. 시야에 들어오는 천애 절벽과 올망졸망 해안단구와 아스라한 먼바다 장관을 가슴에 담으려니 발길을 재촉할 수가 없다. 소걸음으로 아주 느리게 걸었다. 함께 걸을 때면 늘 뒤처지던 아내가 오늘따라 앞서가며 빨리 오라고 한다.

굽이로 이어지는 길 군데군데 급하지 않은 오름과 내리막이 나타난다. 곧고 평평한 길보다는 걷는 묘미가 더 크다. 곳곳에 기기묘묘한 바위가 바다 풍경을 살찌게 한다.

그중에서 돋보이는 것은 '부채바위'와 '투구바위' 그 생김새가 부채와 투구를 닮았다 하여 그리 이름 지었다는데, 내 눈으로 보기에는 기연가미연가하다. 그야 어떻든 이 바위가 생긴 연원과 견뎌 온 역경의 세월을 생각하니 새삼 내 모습이 작아짐을 느낀다. 반백 년도 못 살아 보고서 삶이 고달프다 어쩌다 투덜대지 않았느냐. 저 바위의 연륜은 몇백만 년이나 될 터인데 내 소이가 부끄럽기만 하다. 더 말해 무엇하랴.

부채길은 정동진 항구까지 연결되지 않았다. 종착 지점은 '선크루즈공원' 광장이었다. 오랜만에 정동진 여기저기를 둘러보면서 점심까지 먹고 돌아서려던 계획이 어긋났다. 오던 길을 다시 가야 하는 것처럼 무미건조한 일도 없다.

택시를 타든 걸어서 가든 정동진항까지 갔다 오자고 하니 아내가 시큰둥해한다. 짜증 난 목소리로 그냥 돌아가자고 하는데, 슬그머니 부아가 치밀었다. 집에 가면 뭐 그리 좋은 게 있냐고 한마디 쏘아붙였다. 아내가 댓바람에 뾰로통해진다. 내 성질머리도 참. 모처럼 동반하여 보기 드문 비경을 기분 좋게 보고서는 공연한 말을 하여 기분 상하게 할 건 뭐람. 담배 연기 한 모금을 내뿜으며 울컥했던 마음을 다스렸다. 아내가 원하는 대로 정동진 가려던 맘을 돌려먹고 오던 길로 발길을 돌렸다.

출발지 심곡항으로 되돌아가는 길, 아내의 발걸음이 올 때보다 빠르다. 좀 쉬어가자고 해도 내처 걷는다. 파도는 여전히 잔잔하다. 나도 잰걸음으로 아내 뒤를 바짝 따랐다.

점심은 심곡항 부둣가에 있는 한 횟집에서 물회를 먹었다. 배가 고팠던가 보다. 여느 때보다 맛있게 먹는 아내의 모습이 안쓰러웠다. 이놈의 버럭 하는 성질머리를 좀 고쳐봐야겠는데…. 백 년도 못 살 거면서, 남은 세월이 얼마나 된다고 버럭버럭 살 거냐. 알콩달콩 살아야지. 부채바위와 투구바위를 닮자고 다짐했다. ❡

나는 어떻게 말하는가

나처럼 말수 적고 말재주 없는 사람이 또 있을까 하는 생각을 가끔 하게 된다. 말 잘못으로 설화 당할 일은 없을 것이니 큰 복이 아니냐 할지도 모르겠으나 입이 밥만 떠넣으라고 생긴 것은 아니지 않나. 구화지문(口禍之門)이라고도 하지만, 입의 중요한 기능 하나가 말하는 것일진대 그 구실을 다하지 못함은 아무리 생각해도 썩 좋은 일만은 아닌 듯하다.

아내와 함께한 세월이 40여 년이다. 어찌 알콩달콩 지내기만 했겠나. 때론 격하게 부부 싸움도 하며 살았다. 돌아보니 그 싸움 원인 중 태반은 말수가 적은 데다 말재주마저 없는 내 버릇 때문이지 싶다. 고분고분한 태도로 자근자근하게 말한다면 싸움이 왜 나겠나. 아내가 뭘 하자고 하면 '그까짓 걸 뭣 하러 할라 그래' 하고 버럭 소리부터 지르기 일쑤였으니…. 타고난 천성이 그러하니 어쩌냐고만 할 게 아니라 고쳐보려는 노력이라도 해야 했는데 작심삼일이었다.

이제라도 좀 고쳐볼까나. 체질에 맞지 않지만, 말수를 늘려보자. 말 한마디 '어' 다르고 '아' 다르다고, 한마디 하더라도 아내가 기분 좋게 듣도록 재치 있게 말하는 방법을 찾아보기로 하자.

습작 수첩을 뒤적이다가 오래전에 스크랩해둔 「이발사의 재치」라는 글을 보게 되었다. 다시 정리해서 되뇌어 보며 교훈으로 삼는다.

한 이발소에서 주인 이발사가 자신의 기술을 전수하기 위해 젊은 도제를 한 명 들였다. 젊은 도제는 3개월 동안 열심히 이발 기술을 익혔고 드디어 첫 번째 손님을 맞이하게 되었다. 그는 그동안 배운 기술을 최대한 발휘하며 첫 번째 손님의 머리를 열심히 깎았다. 그러나 거울로 자신의 머리 모양을 확인한 손님은 투덜거리듯 말했다.

"머리가 너무 길지 않나요?"

초보 이발사는 손님의 말에 아무런 답변도 하지 못했다. 그러자 그를 가르쳤던 이발사가 웃으면서 말했다.

"머리가 너무 짧으면 경박해 보인답니다. 손님에게는 긴 머리가 아주 잘 어울리는걸요."

그 말을 들은 손님은 금방 기분이 좋아져서 돌아갔다.

두 번째 손님이 들어왔다. 이발이 끝나고 거울을 본 손님은 마음에 들지 않는 듯 말했다.

"너무 짧게 자른 것 아닌가요?"

초보 이발사는 이번에도 역시 아무런 대꾸를 하지 못했다. 옆에 있던 주인 이발사가 다시 거들며 말했다.

"짧은 머리는 긴 머리보다 훨씬 경쾌하고 정직해 보인답니다."

이번에도 손님은 매우 흡족한 기분으로 돌아갔다.

세 번째 손님이 왔다. 손님은 머리 모양이 무척 마음에 들었으면서도 막상 돈을 낼 때는 불평을 늘어놓았다.

"시간이 너무 많이 걸린 것 같군."

초보 이발사는 여전히 우두커니 서 있기만 했다. 그러자 이번에도 주인 이발사가 나섰다.

"머리 모양은 사람의 인상을 좌우한답니다. 그래서 성공한 사람들은 머리 다듬는 일에 많은 시간을 투자하지요."

그러자 세 번째 손님 역시 매우 밝은 표정으로 돌아갔다.

네 번째 손님이 왔고 그는 이발 후에 매우 만족스러운 얼굴로 말했다.

"참 솜씨가 좋으시네요. 겨우 20분 만에 말끔해졌어요."

이번에도 초보 이발사는 무슨 대답을 해야 할지 몰라 멍하니 서 있기만 하니 주인 이발사가 손님의 말에 맞장구를 치며 말했다.

"시간은 금이라고 하지 않습니까? 손님의 바쁜 시간을 단축했다니 저희 역시 매우 기쁘군요."

그날 저녁에 초보 이발사는 자신을 가르쳐준 주인 이발사에게 오늘 일에 관해서 물었다. 주인은 말했다.

"세상의 모든 사물에는 양면성이 있다네. 장점이 있으면 단점도 있고, 얻는 것이 있으면 손해 보는 것도 있지. 또한, 세상에 칭찬을 싫어하는 사람은 없다네. 나는 손님의 기분을 상하게 하지 않으면서 자네에게 격려와 질책을 하고자 한 것뿐이라네."

말 한마디로 천 냥 빚을 갚는다는 말을 흔히 듣는다. 그렇다.

말 없는 행태도 몹쓸 일이지만, 더 중요한 것은 바로 말하는 기술이 아닌가 한다. 똑같은 상황에서도 말 한마디에 따라 싸움이 나고 안 나고 판가름 난다. 주인 이발사처럼 말하는 기술을 배우고 싶다. '나는 어떻게 말했는가.' 돌아보면서 앞으로 어떻게 말하며 살 것인가를 배우고 깨우친다. ❡

어떤 아름다운 판결

법과 원칙에 따른 결정이라는 말을 요즘 많이 듣는다. 과연 그러한가. 고개를 갸웃거리게 하는 사건들이 적잖다. 법과 원칙대로 한다는 데야 누가 토를 달겠나. 하지만 그 법이란 것도 사람이 만든 제도다. 사람이 하는 일이니 법을 만들 때도 그렇거니와 이를 집행할 때도 허물이 있을 수밖에 없다. 법대로, 원칙대로 만을 앵무새처럼 읊어댈 게 아니라 과연 사람을 위해 법이 법 정신 대로 집행되는지 돌아볼 일이다.

몇 해 전 일이다. 어느 항소심 재판부의 한 사건 판결이 '아름다운 판결'이라고 언론매체와 인터넷에 상당 기간 회자한 적이 있었다. 대전고등법원에서 재판한 건물명도 소송사건의 항소심 판결이다. 원고는 대한주택공사, 피고는 일흔 살이 넘은 이 모 할아버지였다. 재판부는 항소이유와 쌍방의 주장, 재판부의 판단을 적시하고 나서 이런 문구로 판결문을 마무리했다고 해서 화제가 되었다.

가을 들녘에는 황금 물결이 일고, 집마다 감나무엔 빨간 감이 익어간다. 가을걷이에 나선 농부의 입가엔 노랫가락이 흘러나오고, 바라보는 아낙의 얼굴엔 웃음꽃이 피었다.

판결문이 아니고 한편의 아름다운 수필을 읽는 듯하다.

홀로 사는 칠십 노인을 집에서 쫓아내 달라고 요구하는 원고의 소장에서는 찬바람이 일고, 엄동설한에 길가에 나앉을 노인을 상상하는 이들의 눈가엔 물기가 맺힌다. 우리 모두 차가운 머리와 따뜻한 가슴을 함께 가진 사회에서 살기 원한다. 법의 해석과 집행도 따뜻한 가슴도 함께 갖고 하여야 한다고 믿는다. 이 사건에서 따뜻한 가슴만이 피고들의 편에 서 있는 것이 아니라 차가운 머리도 그들의 편에 함께 서 있다는 것이 우리의 견해이다.

항소심 선고는 1심 판결 기각으로 피고가 승소하였다. 70 넘은 노인은 한겨울을 훈훈하게 보낼 수 있었다.

이 사건은 충남 연기군 조치원읍에서 벌어졌다. 피고의 몸으로 법정에 서게 된 일흔여섯 살 이 모 할아버지는 6 · 25 한국전쟁 참전유공자다. 주택공사의 한 임대아파트에 사는 할아버지의 삶은 고단하다. 딸이 보내주는 생활비 20만 원과 참전용사 지원비 7만 원으로 한 달을 겨우 산다.

할아버지는 딸 이름으로 이 아파트 임대계약을 맺었다. 아파트에 입주한 지 석 달 만에 아내가 세상을 떠났다. 공사장 막노동판을 전전하면서 생계를 꾸려가는데, 노인에게 일감이 그리 많을 리 없다. 늙었다는 이유다. 세 끼 가운데 한 끼는 봉사단체에서 주는 밥을 먹는다. 난방은 방 한 군데, 밤에만 튼다. 한 달 전기 요금이 2천 원 안팎이지만 그마저 벅차다.

어느 날 노인은 주택공사로부터 아파트 퇴거 요청을 받았다. 계약자인 딸이 다른 곳에 주택을 소유하고 있으니 불법이라는 이유에서였다. 임대아파트는 5년이 지나면 분양을 받을 수 있다. 하지만 노인은 계약 당사자가 아니다. 계약자인 딸은 무주택자가 아니다. 따라서 분양받을 자격이 없다는 것이다. 노인은 중병에 걸린 아내 병시중을 드느라 직접 나설 시간이 없어서 딸이 대신 계약을 했는데, 이리될 줄은 몰랐다고 한탄했다.

주택공사에 찾아갔더니 딸이 서류상 이혼을 하면 된다고 했다. 할아버지는 늙은 몸 하나 살겠다고 자식을 망칠 수 없다며 돌아섰다. 참전용사라 혜택을 좀 볼 수 없을까 하여 알아봤지만, 국가유공자가 아니어서 불가능하다는 답변만 들었다.

형편이 닿지 않았음에도 소송을 냈다. 1심에서는 패소했다. 법에 규정된 대로 입주일부터 분양전환 당시까지 임대주택에 거주한 무주택자 임차인이 아니라는 게 주된 이유였다.

할아버지는 억울하고 분했다. 별로 기대하지는 않지만, 항소심에 기대어 보는 수밖에. 그런데 뜻밖에도 항소심 재판장이 할아버지에게 이렇게 묻더라는 것이다.

"추운 겨울인데…. 혼자 사는 노인이 무슨 돈이 있겠어요."

재판부는 직권으로 소송구조를 신청했다. 가난한 할아버지를 대신해 변호인을 선임해주었다. 네 번째 열린 판결재판에서 할아버지가 승소했다.

여러 기각 판결 이유 가운데 내 관심을 끌었던 대목을 되짚어 본다. 딸이 아버지가 사는 집을 자신의 이름으로 임대차 계약한 것은 법적 권리에 관하여 정확한 지식과 정보를 갖지 못하였기 때문에 저지른 실수였던 것으로 판단했다. 만일 이런 실수가 개입되지 않았더라면 아버지는 임대주택을 우선 분양받을 권리를 갖게 되었을 것이라는 이유에서다. 75세의 고령에 홀로 사는 노인, 경제 활동할 능력을 잃었고 넉넉한 재정 능력도 갖추지 못한 처지에 놓인 노인이 임대차계약 체결과정에서 있었던 작은 실수 때문에 그 주거공간에서 계속 거주할 권리를 갖지 못한다면 그 원인이 된 피고 측의 잘못과 그 결과 사이에 균형을 잃었다는 느낌을 지울 수 없다고 판결문에 썼다.

그 재판장은 한 신문사 기자와 인터뷰하면서 법의 목적을 생각하고 해석을 한 결과라며, "정의라는 원리와 소외 계층에 대해 배려 없이 법 조항을 기계적으로 적용하는 것은 지혜롭지 않은 일이다."라고 했다. 판결문에 수필처럼 감성적인 글이 있느냐 했더니, 정서적으로도 설득력이 있는 판결문을 쓰려고 한다면서 "판사는 판결로만 말해야 하는데, 오늘 말을 너무 많이 했다."고 말했다.

이 판결을 우려하는 전문가도 있다. 판사는 법대로 판결해야 한다. 재량권이 인정되지만, 이를 행사하면서 지나치게 확대하거나, 무시하거나 자의적으로 적용한다면, 그런 일이 다수의 감정적 지지로 합리화된다면 장기적으로 큰 부작용이 발생할 수 있다는 시각이다. 그런 비판도 한편으로 수용할 수 있다고 본다.

하지만 사람 사는 세상을 어찌 법의 잣대만으로 재단할 수 있으랴. 엄동설한에 길가에 나앉을 노인을 상상하면서 눈가에 그렁그렁 물기가 맺히지 않는다면 사람이 아니다. 법 집행에도 이런 눈물이 필요하지 않을까. ❡

결혼기념일 이야기

오늘은 우리 부부 결혼기념일이다. 뭔가 뜻있게 보내야겠는데 어디 갈 데도 없고, 뜻있는 기념 거리를 찾기도 마땅찮다. 객쩍게 페이스북 타임라인에 이런 게시물을 올리고는 누가 '좋아요'를 누르거나 댓글을 달아 주지 않나 자주 열어보며 하루해를 멀뚱멀뚱 보냈다.

결혼기념일을 따로 부르는 이름이 많던데 35주년은 산호혼식, 40주년을 녹옥혼식이라 하고 50주년을 금혼식, 60주년은 금강혼식이라 한다나 봐요. 우리 부부 결혼 37주년 기념일인 오늘은 그 어디에도 해당하지 않아 그냥 조용히 보내고 있습니다. 살며시 달랑 한 장 남아 있는 흑백 결혼사진을 들춰보니… 참 오래 살았구나! 세월의 흐름을 실감할 수 있네요. 그 오랜 세월 참고 견딘 아내에게 오늘 하루만이라도 버럭 소리 지르지 말아야겠습니다. 흰 머리칼을 감추려 애쓰는 모습을 서로 바라보고 위로

하면서 60주년 회혼례 올리는 꿈을 꾸어 봅니다.

몇몇 친구가 둘러보고 '좋아요'를 누른다. 댓글 달아 주는 친구는 없고…. 아내에게 어디 바람이라도 쐬러 갈까 하니 시큰둥한 반응이다. 무료하다. 결혼기념일을 기념하는 좋은 방법이 어디 있나 한번 찾아볼까나. 컴퓨터 앞에 앉아 마우스를 굴리며 검색창을 두드렸다.

옛날 조선 시대에는 회혼례(回婚禮)를 올리는 풍습이 있었다는 게시물이 눈에 띈다. 부부가 결혼하여 해로(偕老)한 지 60년째에 벌이는 잔치가 회혼례란다. 수명이 짧았던 그 시절에 부부가 함께 60년을 사는 일이 얼마나 있었을지 궁금하다.

회혼례는 회근례(回巹禮)라고도 하는데 주로 자손들이 부모를 위해 베풀었다고 한다. 늙은 부부가 혼례 복장을 갖추고 혼례의식을 다시 하며, 자식들은 헌수(獻壽)잔을 올리고 절을 한다. 참석한 친척이나 하객들도 축배를 올렸으며 시문을 지어 바치기도 했다고 전한다.

옛날 우리나라에서는 그랬고 외국에서는? 다시 자판을 두드려 보았다.

그리스도교 국가에서도 종교, 정치, 단체, 개인 등의 창립기념일을 축하하는 풍습이 있다고 한다. 그것을 애니버서리(anniversary)라 부른다는데, 결혼기념일도 그중 하나다. 이 기념일에 명칭을 붙인 것은 19세기 영국에서 시작되었다. 기독교와 천주교에서 매년 결혼기념일에 축하예배를 올렸던 관습에서 비롯되었다고 한다.

19세기 중엽 영국 문헌의 기록이다. 결혼 후 5년째를 나무, 15년째를 동, 25년째를 은, 50년째를 금, 60년째를 다이아몬드로 정하여 평생 다섯 번 결혼한 날을 기념했다. 이러한 풍습은 점차 사치해져서 더 늘었는데. 결혼 후 10년째를 주석, 20년째를 도기로 하여 일곱 번을 기념하면서 15년째의 동을 수정으로 바꿨다. 그 후 다시 1년째는 종이, 4년째는 가죽, 30년째는 상아, 40년째는 모직, 45년째는 명주 등 다섯 차례를 더하여 모두 열일곱 회가 되었다.

미국 사회에서는 결혼기념일에 파티를 연다. 1~5년째까지는 매년, 그 이후는 5년마다 베푼다. 그러나 은혼식과 금혼식이 주가 되고, 그 밖의 경우는 하고 싶은 사람만이 가정에서 조촐하게 치렀다.

결혼기념일의 선물은 1년째는 '지혼식(紙婚式)'이기 때문에 종이를 사용한 물건, 예를 들면 그림이나 서적 등을 선택한다. 점차 연수가 쌓여서 은혼식이 되면 남편은 아내에게 은 제품을 선물하며, 아내도 남편에게 적당한 선물을 한다. 가족이나 친지도 그 부부에게 은 제품을 선물하는데, 특히 귀금속이나 보석의 이름이 붙은 결혼기념일에 친지들은 꽃을 선물하는 경향이 많다.

결혼이 일생에서 아주 특별한 날이니 기념하는 걸 어떻다 시비할 거리는 아니지만, 결혼한 날이라 해서 희한한 이름을 붙여 해마다 기념하는 것은 비례이고 사치가 아닐까.

오늘은 결혼 37주년이나 무슨 이름을 붙인 기념일은 아니어서 그냥 넘기지만, 삼 년 후 40주년은 녹옥혼식이라 하니 뭔가 기념 이벤트를 만들어보아야겠다. 루비제품을 선물하는 기념일이라는데 형편이 될지 어떨지…. 뭐 선물이 중요하냐. 고생한 아내에게 따뜻한 말 한마디라도 다정하게 건네는 마음이 더 소중한 거지. 그

나저나 60주년 금강혼식, 우리나라식으로 말하면 회혼식은 치를 수 있으려나. 그때면 내 나이 여든한 살이 되는데…. 아내는 나와 한동갑이다.

일말의 기대를 하며 결혼기념일 이름을 정리해 둔다.

1주년: 지혼식
2주년: 고혼식
3주년: 과혼식
4주년: 혁혼식
5주년: 목혼식
6주년: 철혼식
7주년: 화혼식
8주년: 청동혼식
9주년: 도기혼식
10주년: 주석혼식
12주년: 명주혼식
13주년: 수혼식
14주년: 상아혼식
15주년: 수정혼식
20주년: 도자기혼식
25주년: 은혼식
30주년: 진주혼식
35주년: 산호혼식
40주년: 녹옥혼식
45주년: 홍옥혼식
50주년: 금혼식
55주년: 비취혼식
60주년: 금강혼식

각각의 기념일에는 그 이름에 맞는 제품을 선물한다고 한다. 1주년 지혼식엔 상품권, 티켓 등 종이제품. 60주년 금강혼식에는 다이아몬드…. 금강혼식까지는 20년이나 남았는데 앞날이 어찌 될 줄 알고 벌써 회혼례 꿈을 꾸나. 차분히 살면서 건강이나 다지자. ❡

며느리 발뒤축이 달걀 같다더니

오전에 혈압약을 타러 단골 병원에 들렀다. 한 달에 한 번 치르는 월례행사다.

간호사가 혈압을 재보더니 151에 93이라고 일러준다. 겨울철에는 좀 높게 나온다고 하던데 그래서일 거라고 대수롭지 않게 생각하면서 의사 앞에 앉았다.

컴퓨터 화면으로 진료기록을 훑어보며 의사가 약은 잘 드시냐고 묻는다. 그러고 있다고 건성으로 대답했더니, 혈압 조절이 잘 안 된다고 중얼거리면서 고개를 갸웃거린다. 또 묻기를 술, 담배는 여전하시냐고 하는데 대답할 말이 궁해서 어물쩍 넘기고 말았다.

담배는 끊다시피 했다가 다시 피우고, 술도 자리가 뜸해서 그렇지 예전처럼은 아니지만, 한자리에 앉았다 하면 꽤 마시는 편이다. 혈압약을 먹고 있어도 술, 담배와 절연할 생각은 별로 없다. 누구든 나에게 술 좀 줄이고 담배 끊으라고 하는 말이 가장 듣기 싫다.

의사는 오늘도 어김없이 술이나 담배는 좀 줄이시라는 구두 처방을 내렸다. 의사가 직업상 건넨 말이지만 은근히 부아가 치민다. 요즘 같은 세상에 술, 담배 안 하고 어찌 배긴다는 말이냐.

요즘 신문방송을 보라. 혈압 오르는 뉴스만 골라서 내보낸다. 아집, 독선, 편견, 날조로 뒤범벅이 된 뉴스가 연일 전파를 탄다. 신경 쓰지 말자면서도 어쩔 수 없이 보고 듣게 되는데….

저녁때 TV조선 홍 모 기자의 방송 리포트를 인용한 어느 신문 인터넷판 기사를 보았다. 그 내용이 고약하다. '박 대통령 학창 시절 생활기록부, 특정 아동 하고만 논다'라는 제목을 달고는 이렇게 썼다

> 박근혜 대통령이 지난 2007년 한나라당 대선 경선 당시 공개한 학창 시절 생활기록부에 '특정한 아동 하고만 노는 습관이 있다'라는 평가가 있어 눈길을 끈다. '냉정한 감이 흐른다', '자존심이 강한 어린이', '지나치게 신중하다.'는 기록이 있다.

본문을 자세하게 읽어보지 않은 독자가 이 기사 제목만 본다면 박근혜 대통령이 무슨 큰 성격장애가 있는 아동이었구나 하는 생각을 떨쳐버릴 수 없다. 리포트 내용과 함께 생활기록부 사본 사진도 올렸는데 이를 살펴보면 교묘하게 긍정적인 면보다는 부정적인 면이 돋보이게 썼음을 알아차릴 수 있다. 비교하여 살펴본다.

기사에서는 지난 2007년 한나라당 대선 경선 당시 박근혜 대통령 측이 공개한 생활기록부에 박 대통령이 장충초등학교에 다니던 시절 성적은 6년 내내 우수했고 침착하고 겸손하다는 평가가 적혀 있다면서, 초등학교 1학년 평가란에 '특정 아동들과만 노는 습관이

있음'이라는 담임선생님의 글씨가 눈에 띈다고 했다.

그런데 생활기록부에는 '온순하고 차근차근하며 실수가 별로 없음, 용의 항상 단정하며 남에게 호감을 받으나 특정한 아동들하고만 노는 습관이 있다'라고 씌어 있다. 기사를 쓰면서 앞부분의 온순, 차근차근, 실수 없음, 용의 단정 등 긍정적인 이미지는 언급하지 않고 뒷부분의 부정적인 면만 강조하였다.

또 기사에는 3학년 때 자존심이 강한 어린이라는 평가가 있었다고 했는데 생활기록부에는 침착 겸손하며 두뇌 명석한 어린이로서 매사에 꾸준하다는 내용이 먼저 나온다.

4학년 때 기사도 마찬가지다. 약간 냉정한 감이 흐르는 편이라고 적혀 있다고 했는데 생활기록부에는 '침착하고 겸손하면서 매사에 신중하다. 말이 부드럽고 약간 냉정한 감이 흐르는 편이며 굳게 다물어진 입가에는 위엄이 엿보임. 학업에도 성실하고 발표력 우수함'이라고 되어있다. 앞뒤 좋은 이미지는 다 빼고 '냉정한 감이 흐르는 편'이라는 내용만 생활기록부에 쓰인 듯이 기사화했다.

기사 끝머리에서는 "아버지 박정희 전 대통령이 5·16 군사 쿠데타로 집권한 1961년 이후부터는 박 대통령의 생활기록부에 부정적인 평가가 거의 없다. 다만 성심여자고등학교 기록부에 '매사가 훌륭하지만 지나치게 어른스러움이 흠이다', '지나친 신중성 때문에 과묵한 편'이라는 지적이 있다."라고 언급했다.

나만의 편견인지는 몰라도 마치 아버지가 대통령이기 때문에 일부러, 또는 대통령의 압력이 있어서 부정적인 평가를 하지 않았다는 뉘앙스를 느끼게 한다.

초등학교의 생활기록부와 같은 소중한 프라이버시를 이렇게 까발려도 되나. 어떻게 입수했는지 의심했는데 지난 대통령 선거 때 박근혜 대통령 후보 진영에서 공개한 것이라 한다. 그렇더라도 지금 이 시점에서 다분히 의도적으로 부정적인 이미지만 부각하여 기사화하는 게 언론의 정도라고 할 수 있는지 매우 불쾌하다.

기사로 쓰려면 긍정적인 이미지도 같이 써야 하는 게 아닌가. 생활기록부엔 '침착 겸손', '온순', '용의 단정', '두뇌 명석' 따위 좋은 이미지를 더 많이 기록하였다. 이를 숨기거나 뒤로 미루면서 '특정한 아이들과 노는 습관', '자존심이 강함', '냉정한 감'과 같은 부정적인 이미지가 두드러지게 기사화하는 이유가 뭔가. '특정 아동 하고만 논다', 기사 제목을 꼭 이렇게 뽑아야 하나.

절로 욕이 나온다. '기레기'들…. 온 신문방송이 총 궐기하다시피 하여 이런 유의 기사만 쏟아내니 멀쩡한 사람도 미치지 않고는 못 배길 지경이다. 우중(愚衆)은 여기에 편승하여 큰 잘못도 없는 대통령보고 하야하라고, 감옥에 가야 한다고 목청을 높인다. 정말 미친 세상이다.

흠잡을 데 없는 며느리가 미우면 발뒤축이 달걀 같다고 나무란다더니 그 꼴이다. 우리가 뽑은 지도자가 좀 흠이 있더라도 감싸주면 안 되는 걸까. 미운 짓을 좀 했다 하더라도 이완용처럼 나라를 팔아먹은 것도 아니지 않나. 어찌 공은 없고 과만 있다고 나무란단 말이냐, 그것도 사실을 교묘하게 호도하면서…. 이래저래 혈압 오르는 하루였다. ❡

❡ 노년 건강전략

노인의 나이 기준을 70세로 높여야 한다는 논의가 활발하다. 지금 적용하고 있는 기준은 65세다. 이 나이는 법률 조문으로 명확하게 규정한 것은 아니다. 대한노인회 정관에 '회원은 65세로 한다'라고 규정한 게 유일한 명문 조항이란다.

노인복지법에서는 개별 조문에서 노인의 생업지원, 경로우대, 건강진단 문제 등을 다루면서 그 나이를 65세 이상인 자로 정하고 있다. UN에서는 65세부터 노인이라 하고, 노인 인구 통계의 기준으로 삼아 고령화 사회, 고령사회. 초고령사회로 구분하고 있다.

노인 기준 나이를 올리는 문제가 앞으로 어떻게 결론 날지는 지켜볼 일이다. 그야 어쨌든, 아직은 65세부터 노인 대우를 해주는 게 대체적인 추세이니 거를 수 없겠지. 어허, 그러고 보니 나도 올해부터 노인이네. 호적상으론 한 살 줄어 예순넷이지만 실 나이는 1953년 계사생, 예순다섯이다.

나도 이제 노인 반열에 들어가는구나. 허 참! 이렇게 마음은 삼사십대 청년이고 몸은 아픈 데 없이 팔팔한데 노인이라니…. 기가 찰 노릇이지만 이 나이를 어찌 속일 수 있으랴. 건강을 장담한다지만, 아무래도 예전 같지 않다. 주변의 지인들이 하나둘 내 곁을 영원히 떠나는 슬픔을 자주 겪게 된다. 지난해에는 동창 친구 둘이 저세상으로 갔다. 며칠 전에도 한 지인의 모친이 돌아가셔서 장지에 다녀왔다. 누구나 가야 할 길이다. 나도 언젠가 그 길을 따라가야겠지.

그렇다고 마냥 손 놓고 있을 일은 아니지 않나. 살아있는 동안은 삶같이 살아야 하는 게다. 인생 70은 내리막길이 아니라 하더라. 인생 80은 꽃에 견주면 만발한 때라고 하더라. 그리 생각하면 나는 아직 봄볕에서 거닐고 있다. 가을이 오고, 겨울이 오려면 아직 한참이나 남았다. 설령 그날이 오더라고 다시 봄이 온다는 희망을 버리지 말고 물 주고 거름을 뿌려야 하지 않겠나.

어느 잡지에서 읽은 '1 無, 2 少, 3 多, 4 必, 5 友'가 떠오른다. 건강한 인생살이를 하려면 없애야 할 것 한 가지, 줄여야 할 것 두 가지, 늘려야 할 것 세 가지, 반드시 해야 할 것 네 가지, 그리고 몸에 익혀 벗으로 삼아야 할 것 다섯 가지를 실천하라는 이야기다.

65세, 노인 반열에 듦을 자축하면서, 한편으로 서러운 마음을 달래면서 한번 그대로 실천해 볼까 하는 생각을 해본다. 노년 건강전략 '1 無, 2 少, 3 多, 4 必, 5 友'를 한번 살펴보자.

첫째 '1 無', 담배를 끊어라. 없애야 할 것 한 가지가 바로 담배이다. 담배를 피우면서도 90세 이상 장수한 사람은 많다. 그러나 여러 의학적 근거로 볼 때는 담배를 끊는 것이 옳다. 담배의 독소는 그 무서운 여러 가지 암의 원인이라 하지 않는가.

둘째 '2 少', 식사량과 음주량을 줄여라. 식탐은 비만을 낳고, 모든 성인병의 원인이 된다. 과일과 채소 위주로 먹되, 먹는 양을 줄이는 것이 장수의 비결이다. 마시는 술의 양도 많지 않도록 절제하라. 폭주는 뇌세포를 손상해 치명적인 뇌 질환의 원인이 될 수 있다.

셋째 '3 多', 운동, 접촉, 휴식을 늘려라. 어떤 운동이든 한 가지는 매일 하는 게 있어야 한다. 신체적으로 활동이 자유로워야 삶이 즐겁다. 접촉이란 다른 사람, 다른 일과 직면하는 것이다. '사람이 사회적 접촉을 유지하는 것은 인간세계'로부터 소외되지 않기 위해서는 필수적이다. 휴식은 피로가 쌓이는 것을 막는 데 필요하다. 피로가 만병의 원인이라는 점을 생각하면 아무리 할 일이 쌓였더라도 건강 유지를 위한 휴식은 많을수록 좋다.

넷째는 '4 必', 걷고, 배우고, 즐기고, 웃어라. 매일 한 시간 정도만 걸으면 결코 아파 눕는 일은 없다. 특히 공기가 맑은 새벽 시간, 나무가 많은 숲이나 공원을 걸으면 좋다. 배움은 정해진 나이가 없다. 노인대학이나 문화센터, 사설학원 등 어디서고 무엇이든 배우면 늙을 틈이 없다. 웃음은 스트레스를 해소하고 인생을 즐겁게 하는 활력소다. 억지웃음이라도 웃으면 정말 웃게 되고,

정말 웃으면 긍정적인 기운이 솟아난다. 긍정적인 마음은 행운을 불러온다.

다섯째는 '5 友'다. 자연, 친구, 책, 술, 컴퓨터를 가까이하라. 자연 속에 건강과 젊음이 있다. 마음을 열고 대화를 나눌 수 있는 친구, 시대와 공간을 초월해 소통을 나누는 책은 정신과 마음을 윤택하게 해준다. 술은 즐거움을, 컴퓨터는 이 시대와 가까이하자는 의미다.

다 좋고, 실천할 만한 것들이고, 현재 실행하는 것도 있다 한데 두세 가지는 자신이 없다. 특히 담배와 술을 끊어야 한다는데 끊고 싶은 마음이 없는데 어쩌나. 그래도 담배는 다들 백해무익이라며 건강에 해롭다고 하니 이참에 끊을 결심을 해보는 것도 좋을 듯하다. 술은 술벗이 하나둘 내 곁을 떠나가니 굳이 줄이려고 애태울 일이 없다.

하지만 허망하다. 인명재천, 이 만고불변의 진리를 누가 감히 거역하랴. 다섯 가지가 아니라 백 가지 전략을 쓰더라도 갈 때는 결국엔 가고야 마는 것을…. 내 뜻대로 내 수명을 늘리고 줄이고 할 수 있는 천국이 어디 있으랴. ❡

도소주(屠蘇酒)

고전번역원에서 보내주는 전자우편, '고전 산책'을 애용한다. 매주 3, 4회 고전 산문, 고전 명구, 한시 감상 등 분야별로 전문가들이 번역한 고전 연재물을 받아보는 서비스다. 그 내용이 좀 어렵기는 하지만 마음의 양식으로 삼을 내용이 많아 받을 때마다 숙독하면서 특히 마음에 드는 게시물은 별도로 저장해 둔다.

며칠 전, 설 명절을 앞두고 받은 전자우편은 도소주(屠蘇酒)에 관한 고전 산문이었다. 술을 좋아해서 그런지 술 이야기를 듣거나 보게 되면 눈과 귀가 번쩍 뜨인다. 도소주를 다룬 산문도 그런 마음에서 여느 글보다 관심을 두고 꼼꼼히 읽었다.

평생 술을 벗하고 살았기에 웬만한 술은 다 마셔 보았다고 자랑질하곤 했는데, '도소주'라는 술은 그 이름조차 처음 듣는다. 이래서 뭐든 섣불리 아는 척하다가는 망신 떨기 십상이다. 배움에 끝이 없다고 하지 않던가. 박사라 하여 다 잘 아는 게 아니련만, 그저 마시기만 했지 술 박사도 아닌 주제에 아는 체하고 살았으니 부끄럽다. 술과 내 이름이 동의어가 될 정도로 술깨나 마시며 살아온 세월이 허망하기도 하다.

술 즐기기가 아무래도 예전만 못하다. 주량도 적잖이 줄고, 술자리도 뜸해졌다. 백수 신세라 오가는 벗이 뜸하니 자연히 그리될 수밖에. 아쉽다. 술 좋아하는 그 마음만은 여전한데…. 이제 얼마나 더 술과 벗할 수 있으려나. 앞으로는 그냥 좋다면서 퍼마시기만 할 게 아니라 술맛을 제대로 알고, 술 멋을 곁들여 즐겨볼까 한다. 도소주와 벗했다는 옛 선비처럼 말이다. 마침 설 명절이 며칠 남지 않았다. 이참에 선비 흉내라도 내 볼까나. 고전 산문에서 읽은 내용 위주로 세주(歲酒)로 썼다는 도소주를 알아보고 정리해 둔다.

도소주(屠蘇酒)는 초백주(椒柏酒)와 같이 세주로 썼던 술이다. 조선시대 4대 문장가로 꼽히는 이식(李植) 선생은 「섣달 그믐밤에 우연히 쓰다」라는 시에서 삼 년 동안 훔친 국록이 부끄러운데 어느새 세모가 닥쳤다면서 초백주 마신들 장부의 근심 풀어지겠느냐고 읊었다.

또 조선 중기 문신 박순(朴淳) 선생은 「음도소주(飮屠蘇酒)」란 시를 지어 도소주 한 잔으로 세상을 잊으려 했다.

> 산초와 잣 잎으로 술을 빚으니 그 향기 그윽하네
> 도소주는 옛날부터 이 세상에 이름나 있었구나
> 한 잔을 마시고 세상을 잊으려 하건만
> 떠도는 인생 머무를 계책 없으니 수심만 더하누나.

釀醲椒柏發微馨 世上屠蘇久著名(양농초백발미형 세상도소구저명)
欲飮一杯天下後 只愁無計駐浮生(욕음일배천하후 지수무계주음생)

이같이 선비들의 화두에 올랐던 도소주(屠蘇酒), 한자 풀이를 해 보면 깊은 뜻이 있음을 알 수 있다.

屠는 '尸(주검 시)' + '者(놈 자)', 蘇는 '艹(풀 초)' + '魚(고기 어)' + '禾(벼 화)'로 이뤄졌다. 풀이하면 돌아가신 분을 위하여 나물과 생선과 밥을 차려 놓고 마시는 술(酒), 곧 설날 차례상에 올려놓았다가 마시는 술이라는 뜻이다. 동의보감에서는 도소주 마시는 것을 도소음(屠蘇飮)이라 한다면서, 만드는 법과 마시는 법을 이렇게 소개하였다.

백출 1.8냥, 대황·길경, 천초, 계심 각 1.5냥, 호장근 1.2냥, 천오 6돈을 썰어 빨간 주머니에 넣고 12월 그믐에 우물 속에 담갔다가 정월 초하룻날 새벽에 꺼낸다. 이것을 청주 2병에 넣고 몇 번 끓어오르게 달이고 동쪽을 보면서 마신다. 어린이부터 노인까지 한 잔씩 마시고, 찌꺼기는 다시 우물에 담가 두고 그 물을 마신다.

한편, 도소주는 악귀를 물리치고 귀신을 잡는 약술이다. 옛 기록에 '한 사람이 먹으면 한 집에 역질이 없고, 한 집이 먹으면 한 고을에 역질이 없다.(一人飮之 一家無疫 一家飮之 一鄉無疫)'고 했다. 도소주를 세주로 쓴 연유를 알 만하다.

이렇게 세주(歲酒)를 마심은 묵은 것을 버리고 신성한 새해가 시작함을 알림에 그 뜻이 있다. 이를 마심으로써 봄을 맞는다고 생각한다. 사계절의 시작이 곧 봄이다. 새로운 해가 열림을 뜻한다. 세주는 찬술이어야 한다는데, 이 역시 전혀 가공하지 않은 것, 즉 끓이거나 데우지 않은 것은 가장 원초적 시작임을 뜻하기 때문이다.

이렇든 저렇든 요즘 세상에 이런 의미로 설을 보내면서 세주를 마시는 집안이 과연 얼마나 될까. 설 명절 연휴 때면 국외로 떠나는 인파로 공항이 몸살 앓는다는 뉴스를 올해도 보게 될 것이다. 그 사람들 차례나 지내고 떠나는지, 또 지내든 말든 내 상관할 바는 아니지만, 왠지 마음이 허전하다.

하지만 어쩌겠나. 세상이 바뀌었는데 꼭 집안에서만 차례를 지내고 세주를 마셔야 한다는 법도가 어디 있나. 안 지낸다 하여 크게 흉잡힐 일도 아니다. 집안에서 차례 지내는 사람만이 조상 섬기는 예를 다한다고 볼 수도 없다.

사실 나 자신부터 그렇다. 국외로 안 떠난다뿐이지 명절 차례 지내는 정성이 예전에 미치지 않음을 스스로 느낀다. 이런 계제에 무슨 도소주로 세주를 쓰려 하는지…. 그냥 지내던 대로 청주를 쓰더라도 정성을 다하는 마음만은 잃지 말아야 하지 않겠나.

올 설엔 중국에 나가 있는 막내가 귀국한다니 몇 년 만에 온 집안 식구가 한자리에 모여 차례를 지내게 되었다. 해마다 청주를 제주(祭酒)로 썼는데, 내년부터는 도소주로 바꿔 보자고 얘기해 볼까나. 나도 잘 모르는 도소주를 녀석들이 어찌 알랴. ❡

계포일락(季布一諾)

'노쇼(No-Show)'라는 말이 유행이다. 예약 부도를 뜻하는 말이다. 외식, 항공, 호텔 업계 등에서 주로 사용하는 용어였다는데 언제부터인가 사회 전체로 번져 일상어가 되다시피 했다.

며칠 후이면 열릴 평창동계올림픽에서도 '노쇼'-예약 부도 사태가 발생하지나 않을까 우려스럽다는 보도가 줄을 잇는다. 누구보다 이 대회가 성공리에 마무리되기를 바라는 처지라 적잖이 걱정된다.

그래서는 안 되겠지. 내 고향이 평창이래서가 아니다. 공직생활 현직에 있으면서 음으로 양으로 이 대회 유치업무에 관여하여 애착이 가는 마음이 남다르기 때문만도 아니다.

지금까지 동계, 하계올림픽과 월드컵, 육상선수권대회 등 이른바 4대 국제대회를 모두 치른 나라는 4개 나라뿐이다. 이번 평창동계올림픽을 잘 치르면 우리나라가 다섯 번째로 그 반열에 오른다. 국운이 상승하는 절호의 기회를 잡은 것이다. 너나 할 것 없이 이 대회를 성공적으로 마무리하기 위해 두 팔 걷어붙이고 나설 때이다. 노쇼 문제가 성공개최의 걸림돌이 되어서는 안 될 일이다.

'계포일락(季布一諾)'이라는 말을 교훈 삼았으면 한다. 노쇼의 반대 되는 개념이다. 사람 사회에서 약속을 지키는 일만큼 소중한 가치는 없다는 생각이다.

「사기(史記)」「계포전(季布傳)」에 나오는 이야기다.

계포(季布)는 초(楚)나라 사람이다. 젊었을 때부터 의협심이 강해 한번 '좋다'라고 약속한 말은 끝까지 지켰다. 이런 계포가 한(漢)나라 유방과 초나라 항우가 천하를 걸고 싸울 때 항우의 장수로 출전해 몇 차례 유방을 괴롭혔다. 항우가 패망하고 유방이 천하를 통일하게 되자 계포의 목에 천금의 현상금이 걸려 쫓기는 몸이 되었다.

그러나 그를 아는 사람들은 누구 하나 고발하지 않았으며 오히려 그를 유방에게 천거하기까지 했다. 덕분에 그는 사면과 동시에 낭중(郎中)이라는 벼슬을 얻었고 다음에는 중랑장(中郎將)에 올랐다. 권모술수가 난무하는 정치판에서도 의로운 일에 힘썼으므로 모든 사람에게 신임과 존경을 받고 있었던 때문이다.

어느 날 흉노의 선우(單于)가 당시 최고 권력자인 여태후(呂太后)에게 깔보는 투의 편지를 조정에 보내온 일이 있었다. 이에 진노한 여태후는 흉노 징벌을 위한 어전회의를 소집했다.

먼저 상장(上將) 번쾌(樊噲)가 나서며 10만 병력을 주면 오랑캐를 깨끗이 없애 버리겠다고 큰소리쳤다. 당시는 무슨 일이든 여(呂) 씨 일문이 아니고는 꼼작도 안 하던 때다. 신하들은 여 씨 일문의 딸을 맞이해서 여태후의 총애를 한몸에 받는 번쾌에게 잘 보이려고 이구동성으로 맞장구를 쳤다. 그때였다. 번쾌의 목을 자르라며 감히 나서는 사람이 있었으니 계포였다. 그는 분연히 말했다.

"한 고조께서도 40만 군대를 거느리고 정벌에 나섰다가 평성(平城)에서 그들에게 포위당하신 적이 있지 않습니까. 그런데 10만으로 흉노를 응징하겠다는 것은 망발입니다. 진(秦)나라가 망한 것은 오랑캐와 시비를 벌이고 있을 때 진승(陳勝) 등이 그 허점을 노리고 일어났기 때문이 아닙니까. 그들에게서 입은 상처는 오늘까지도 아물지 않았거늘 번쾌는 이것도 모르고 위에 아첨하기 위해 천하의 동란을 불러일으키려고 하고 있습니다."

계포의 강한 신념에 찬 목소리에 좌우 신하들의 얼굴은 새파랗게 질렸다. 계포의 목숨도 이제는 끝장났다고 생각했기 때문이다. 그러나 여태후는 즉시 폐회를 명하였고 그 후 다시는 흉노 징벌을 입에 담지 않았다. 여태후는 계포의 신의를 믿고 이 사건을 덮은 것이었다.

초나라의 조구(曹丘)는 변설가이며 권세와 금전욕이 강한 사람이다. 경제(景帝)의 외숙뻘 되는 두장군(竇長君)의 식객으로 있었다. 계포는 두장군에게 조구는 교언영색 하는 사람이라니 가까이하지 않음이 좋겠다는 편지를 보냈다. 그때 여행에서 돌아온 조구가 두장군한테 계포에게 보낼 소개장을 써달라고 부탁하러 왔다. 두장

군은 계포가 보낸 편지를 보이며, 계포는 자네를 싫어하니 가지 말라고 했다.

그러나 조구는 억지로 소개장을 써 달라고 해서 계포를 찾아가서 "초나라 사람들은 황금 백 냥을 얻는 것은 계포의 한마디 승낙을 받는 것보다 못하다 말하는데 그 이유는 무엇인지요?" 하며 계포를 칭찬했다 한다.

그 후부터 '틀림없이 알았다'는 뜻으로 '계포일락(季布一諾)'이라는 말이 쓰였는데, 간단하게 줄여 '계낙(季諾)', 또는 '금낙(金諾)'이라고도 했다. 한편 당대(唐代) 위징(魏徵)은 술회시(述懷詩)에서, "계포는 한 약속을 거듭하는 일이 없고, 후영은 약속한 한마디의 말을 중히 여긴다."라고 읊었다.

남아일언 중천금에 해당하는 말이다. 노쇼가 유행이라는 현대 우리 사회에서 교훈으로 삼을 일이다. 은퇴 생활에 찌든 몸이라 누구와 뭔가를 약속할 일이 없긴 하지만, 혹여 그런 일이 생긴다면 미리 약속할 것이며, 그 약속을 꼭 지키리라는 다짐을 해둔다. 아울러 2018평창동계올림픽이 성공하기를 간절하게 소망한다. ❡

❡ 개와 개가죽

마음 둘 데가 마땅찮다. 뭐든 하긴 해야 하는데, 도무지 집중할 수가 없다. 몸도 마음도 어수선하다. 이 난국이 어서 끝나야 할 터인데. 내가 원하는 대로, 국민의 여망대로….

헌법재판소가 대통령 측이 신청한 증인을 몇몇 더 채택하면서 변론기일을 2월 22일까지로 잡았다는 뉴스가 저녁방송을 탄다. 이로써 이른바 '벚꽃 대선'을 장담할 수 없게 되었다고 신문방송 기자들이 게거품을 내뿜는다. 누가 자신들을 '기레기' 아니라고 할까봐 야단이라도 난 것처럼.

개 같은 녀석들. 대통령 탄핵심판이 좀도둑의 형사재판이냐. 선고기일을 미리 정해놓고 하는 재판이 어디 있더란 말이냐. 주리를 틀어 죽일 놈들이다. 국민저항권을 행사해야 한다는 생각이다. 정치판, 검찰, 법원, 언론 어느 곳 하나 믿을 데가 없다.

참된 국민이 참여하는 태극기집회에 일말의 희망을 걸어본다. 그들 힘으로 광장의 촛불을 꺼버려야 한다. 그래야 내 일상이 정상으로 돌아올 텐데. 내 일상뿐이랴. 온 국민의 일상도 그래야 한다.

인터넷 검색을 하다가 「개와 개가죽」이라는 글을 보게 되었다. 요즘 세태도 이와 못지않다. 개만도 못한 놈들이 개가죽을 쓰고 앉아 '감 놓아라, 배 놓아라' 하고 있으니 나라 꼴이 이 모양일 수밖에. 그래서 내 주제에 뭘 어쩌겠다고? 나란 인간도 따지고 보면 개만도 못한 게 수두룩하다. 개와 개가죽, 예나 지금이나…. 씁쓸한 이야기다. 한번 들어보자.

금강산의 어떤 중이 탁발(托鉢)하러 다니던 길에 겪은 일이다. 함경도 어느 지방에 들어갔다. 그곳 사람들은 귀하거나 천하거나 모두 노끈으로 엮어 만든 갓을 쓰고 개가죽 옷을 입고 있었다. 중이 처음에는 양반에게만 절을 하다가 시간이 지나자 똑같이 대했는데 누구도 그를 꾸짖지 않았다.

어떤 모임 자리에서였다. 옷차림이 조금 나은 자가 술에 취해 상석에 앉아 있었다. 그는 중이 자기에게 따로 절하지 않는 것에 노하여 잡아다 매를 치려고 하였다. 중이 싹싹 빌며 사죄하고, 여러 사람이 말려 준 덕에 매질은 면하였다. 상석에 앉은 자는 의기양양하게 중을 불러 술을 주며 말했다.

"네가 남쪽에서 왔다니 나와 조금은 말 상대가 되겠구나."

그러고는 나이와 지나온 곳 등을 꼬치꼬치 물었다. 중은 입에서 나오는 대로 대답하면서도 분한 마음이 가슴에 꽉 차 속으로 이렇게 탄식하였다.

'저 개가죽 옷을 입은 놈이 나를 이토록 치욕스럽게 하니, 내가 진정 개만도 못하단 말이냐.'

이때 갑자기 개 한 마리가 울타리에서 튀어나와 짖으며 술자리를 향하여 앉았다. 그러자 중이 갑자기 개 앞으로 달려가 절하며, '부처는 개도 불성(佛性)을 갖추었다고 하였으니, 중이 개한테 절하는 것이 뭐 욕될 게 있겠는가.' 하고는 지나온 곳과 이름, 나이 등을 상석에 앉은 자에게 대답할 때와 똑같이 낱낱이 진술하였다.

이어 "맞이해 절을 올리는 것이 조금 늦었으니 죽을죄를 지었습니다." 하며 사죄하였다.

상석에 앉은 자가 큰소리로 꾸짖었다.

"개한테 절하는 것도 중의 예법인가. 또 어찌 개한테 잘못했다고 사죄한단 말인가?"

중이 곧 머리를 치켜들고 성난 기색으로 말했다.

"개털을 빌려 입고도 오히려 사람을 위협하여 절하게 하는데, 개털을 본래 지닌 분이야 더 말할 나위가 있겠습니까?"

이 이야기는 성대중(成大中) 선생의 『청성잡기(靑城雜記)』「성언(醒言)」 편에 실린 글이라고 한다. '성언(醒言)'은 '깨달음을 주는 말씀'이라는 뜻이다.

중을 천대하는 것이야 시대가 그래서였다고는 하지만, 천대받는 처지에서는 중도 분노할 수밖에 없을 것이다. 분노한 자의 날 선 풍자가 통쾌하기도 하고 씁쓸하기도 하다. 개만도 못한 놈들이 너무 설치는 요즘 세상, 밥맛이 쓰다. ❡

견공 오륜

한 해가 또 바뀌었다. 올해는 무술년이다. 개띠 해인데 '황금 개띠' 해라고 호사가들이 입방아를 찧는다. 개면 그냥 개지 황금 개는 뭐냐. 알아보니 10간(干)의 하나인 '무(戊)'의 색상이 노랑이라서 황금 개라 한다는데 아무리 그래도 개가 황금 개가 될 수 있겠나.

바라건대, 황금 개의 해라고 하니 올해만이라도 개판 세상이 되지 않아서, 개○○ 어쩌고 하는 말을 입에 담지 않고 살았으면 한다. 그런데 기대난망일 듯하다. 적폐 청산한답시고 권력의 주구(走狗)들이 저렇게 길길이 날뛰니 개×× 욕이 절로 나온다.

신경 쓰지 말자. 개의 해, 그냥 개가 아니라 황금 개의 해라고 하니 세상이야 개판이 되든 말든 주워들은 견공 이야기나 주절거려 보자. 누가 아나. 정말 황금 개의 해가 될지….

'출문간월도(出門看月圖)'라는 김득신의 그림이 있다. 사립문 앞오동나무 위에 걸린 달을 보며 개가 짖고 있는 그림인데 화제(畵題)로 쓰인 시의 내용이 뜻깊다.

一犬吠 二犬吠 萬犬從次一犬吠(일견폐 이견폐 만견종차일견폐)
呼童出門看 月掛梧桐第一枝(호동출문간 월괘오동제일지)

개 한 마리가 짖자 두 마리가 짖고 온 동네 개들이 다 따라 짖는다. 아이 불러 문밖을 살피랬더니 오동나무 첫 가지에 달이 걸렸다 하더라는 내용으로 염량세태의 줏대 없음을 개를 빗대어 조롱하고 있다.

우리는 흔히 개판, 개소리, 개자식, 개살구, 개밥 등 되지 못하거나 하찮은 것들의 이름 앞에 '개' 자를 붙여놓고 멸시하려 든다. 오동나무에 걸린 달을 보고 짖었는지 어쨌는지 저간의 사정을 그림만 봐서는 모르겠지만 한밤중에 온 동네 개가 다 짖어댔으니 개판도 보통 개판이 아니다.

올여름 삼복에는 또 얼마나 많은 견공의 비명을 들어야 할까. '복날 개 패듯'이라는 속담처럼 그렇게 개들은 나무에 매달려 비명을 지르며 죽어가겠지.

삼복(三伏)은 가을의 금(金) 기운이 여름의 화(火) 기운에 눌려 일어서지 못하고 몸을 굽혀(屈) 납작 엎드린다(伏)는 뜻이라 한다. 엎드릴 복(伏) 자가 사람과 개를 합쳐놓은 글자라 사람이 개처럼 혓바닥을 빼물고 학학댄다거나 사람이 개를 먹는다는 연상을 떨쳐버리기가 쉽지 않다. 우연일까? 서양에서도 여름의 가장 더운 한 때를 '개의 날들(dog days)'이라고 부른다니 이래저래 견공에게는 여름 한 철이 수난기다.

그러나 개가 이렇듯 온갖 부정적인 의미로만 쓰이는 것은 아니다. 한학자였던 김경탁 선생은 개들이 오히려 인간에게 도리를 가르치고 있다는 뜻으로 견공오륜(犬公五倫)을 말하며 칭송하였으니 새겨들을 만하다.

개들은 제 새끼가 귀하다고 자주 핥아주니 부자유친의 '친(親)'이요, 주인에게는 짖지 않으니 군신유의의 '의(義)'요, 시도 때도 없이 달려들지 않고 일정한 시기에만 교미를 하니 부부유별의 '별(別)'이요, 젊은 개는 늙은 개를 상대로 싸우지 아니하니 장유유서의 '서(序)'요, 한 놈이 멍멍하면 온 동네 개가 다 호응하여 짖으니 붕우유신의 '신(信)'이라는 것이다.

견공 오륜

1. 頻舐其子(빈지기자): 어미 개가 제 새끼를 핥아주며 귀여워하니 부자유친이다
2. 不吠其主(불폐기주): 자기를 길러준 주인의 은혜를 잊지 않으니 군신유의다
3. 交尾有時(교미유시): 함부로 덤비지 않고 때를 가려 짝을 지으니 부부유별이다.
4. 小不敵大(소부적대): 젊은 개가 늙은 개를 상대로 싸우지 않으니 장유유서다.
5. 一吠群應(일폐군응): 한 마리가 짖으면 동네 개가 다 따라 짖으니 朋友有信이다.

삼강오륜을 헌신짝 취급하는 게 어제오늘 일이 아니고, 견공들에게는 미안한 말이지만 개판 세상이라고들 흔히 얘기하는데 황금 개의 해인 올해는 개판이더라도 황금 개판이었으면 하고 바라본다. 벌써 봄기운이 물씬하다. 남녘에서 꽃 소식이 들려온다. 매화가 피었다고 하는구나. 무술년, 황금 개의 해여, 이 땅에 복을 내리소서. ❡

법 법(灋, 法) 자 풀이

– 灋(법)

위에 써놓은 한자가 옛날에 쓰던 '법 법(灋)' 자다. 복잡하고 어렵다. 지금은 거의 활용하지 않는 글자다. 이를 풀어보면 물 수(氵) + 해태 치·태(廌) + 갈 거(去), 세 한자가 합쳐진 형태다.

법을 뜻하는 글자에 왜 '물 수(水)'와 '해태 치·태(廌)' 자를 넣었을까. 고어 풀이를 살펴본다.

왼쪽 '물 수(氵)' 변은 즉 물이 가지는 성품인 평등을, 오른쪽 위 '해치 치(廌)' 변은 땅에서의 정직과 하늘 위에서 살핌을, 그리고 맨 아래쪽의 '갈 거(去)' 변은 없애다는 뜻을 내포한다고 한다. 정리하면 '하늘과 땅에서 두루 살펴 공평하고 정직하여 부정한 것은 없앤다는 의미다.

해태는 상상의 동물이다. 시비, 선악을 판단할 줄 안다. 성품이 곧다. 정직하고 충직하다. 인간이 서로 다툼이 있을 때 부정한 사람을 뿔로 밀고 나아가 물속으로 빠뜨리게 한다 하니, 고어 법 법(灋) 자에 해태 치(廌) 자가 들어간 연유를 알 만하다.

현재 우리가 사용하고 있는 법 법(法) 자도 자못 그 뜻이 심오하다는데….

물 氵(수) 변에 갈 去(거) 자를 합쳤다. 물(水)은 공평무사함을 뜻하는 말로도 사용된다. 거(去)는 가다는 뜻으로 통상 쓰이지만 물리치다, 내몬다는 뜻도 있다. 따라서 법 法(법) 자에는 공평하게 악을 물리친다는 뜻이 들어있다.

노자는 인간수양의 근본을 물에 비유하면서 일곱 가지 덕을 얘기했다. 낮은 곳을 찾아 흐르는 겸손, 막히면 돌아갈 줄 아는 지혜, 구정물도 받아주는 포용력, 어떤 그릇에나 담기는 융통성, 바위도 뚫는 끈기와 인내, 장엄한 폭포처럼 투신하는 용기, 유유히 흘러 바다를 이루는 대의가 그것이다.

법 法(법) 자를 氵(수) 변에 去(거) 자를 합쳐 만든 것은 이러한 물의 성질대로 법을 재단하라는 뜻이 아닐까 한다.

현실에서 보면 법은 강자의 것이지 약자의 것은 아니다. '유전무죄 무전유죄'라는 풍자에서 보듯 법은 으레 강자의 편에 유리하게 적용돼온 것이 사실이다. 그래서 강자들은 곧잘 법 앞에 만민이 평등하다고 주장하지만, 약자들은 그 말을 곧이듣지 않는다.

그뿐만 아니라 과연 법이 공정하게 집행되는가 질문을 던지면 그렇다고 답하는 사람이 거의 없을 것이라는 생각을 하게 된다. 한마디로 법 法(법) 자가 구현하고자 하는 법의 정신이 쓰레기더미에 버려졌다는 안타까움을 저버릴 수 없다.

요즘 보면 적폐 청산한다고 법석을 떠는데 앞세우는 말이 법과 원칙대로다. 공정과 형평을 떠벌인다. 누가 이를 곧이 믿나. 적폐 청산한다며 또 다른 적폐를 낳는 어지러운 세상에 죽어나는 것은 전(前) 자 붙은 사람들뿐이다. 왜 이러나. 현(現)자 붙은 사람들이 과연 법대로 법 법(灋·法) 자의 정신을 구현하면서 적폐를 청산할지는 지켜볼 일이다. '현' 자 붙은 사람도 '전' 자 붙는 처지가 될 날이 있으리니, 이 난삽한 역사를 언제까지 되풀이할 것인가. ❡

❡ 벽계수 묘역을 다녀와서

'청산리 벽계수야 수이 감을 자랑 마라.'

즐겨 읊조리는 황진이의 시조다. 시구 그 자체도 일품이지만, '벽계수(碧溪水)'가 중의적 표현으로 그녀의 연인 벽계수(碧溪守)를 가리킨다는 사실을 알고 음미하면 더 감칠맛이 난다. 이 시조 마지막 연의 명월(明月)은 황진이 자신을 일컫는다.

벽계수(碧溪守)는 누구인가. 그는 조선의 왕족이다. 세종의 서자 영해군(寧海君)의 손자로, 아버지 길안도정(吉安都正) 이의(李義)의 5남이다. 이름은 이종숙(李終叔). 1508년에 태어났다고 하나 언제 죽었는지는 알 수 없다. 거문고에 능하고 호방하여 풍류를 즐겼다고 한다. 38세에 황해도 관찰사를 지냈다.

내가 벽계수에 관심을 기울이게 된 것은 집에서 가까운 이웃 마을 동화리에 벽계수 묘역이 있음을 알고 나서였다. 이사 온 지 얼마 되지 않은 어느 날 국도변에 세운 낡은 간판을 보고 이 묘역을 찾았었다. 왕손의 묘역이라고 하기에는 초라해 보였고, 진입로도 비좁은 데다 잡풀이 무성하여 인생이 무상함을 느끼게 했다. 그날 이후, 묘역 주변에 있는 임도 산책로에서 소일할 때면 일부러 둘러보곤 했다.

무엇보다 궁금했던 것은 이곳에 그의 묘지가 있게 된 까닭이었다. 여러 자료를 뒤지던 중에 어느 지방신문 기자가 쓴 문막읍 동화마을 답사기에서 저간의 사정을 알 수 있었다. 그 내용을 요약하여 정리하면 이러하다.

'벽계도정(碧溪都正)' 이종숙의 묘가 애초부터 문막읍 동화리에 자리 잡지는 않았다. 후손들이 35년 전 서울 상도동 어딘가에 있던 그의 묘와 부인 문성령의 묘를 동화골 뒷산 주봉에 있는 선무랑 원경공의 묘 근처로 이장하였다고 한다.

묘역 부근 마을 동화골은 전주 이씨 집성촌이었다. 경주 김씨와 김해 김씨도 모여 살았지만 전주 이씨가 훨씬 많았더란다. 세종대왕 아들인 영해군의 5세손 원경공이 임진왜란 때 이 동네 '너그네'라는 마을로 피난 와서 살면서부터다.

중종 때 기묘사화에 화를 당한 벽계도정은 자손에게 '불취관문(不就官門) 불입당쟁(不入黨爭)' 하라는 유언을 남겼다. 이 유훈에 따라 원경공은 한양으로 돌아가지 않고 눌러살았다. 그로부터 전주 이씨가 집성촌을 이루었으며, 훗날 벽계수의 묘가 이곳으로 옮겨진 실마리가 마련되었다.

그 경위야 어떻든 동네 주변에 벽계수 묘역이 있음은 나처럼 한가로운 사람에게는 퍽 소중한 일이다. 그가 왕손으로 세종대왕의 손자라는 것도 흥미롭거니와 황진이와 얽힌 애틋한 사연을 더듬어 보는 것도 한 즐거움이다. 서유영(徐有英)이 저술한 문헌 설화집, 「금계필담(錦溪筆談)」이 전하는 벽계수와 황진이 일화를 살펴본다.

황진이는 미모와 기예가 뛰어나서 그 명성이 온 나라에 널리 퍼졌다. 벽계수가 황진이를 만나기를 원하였으나 풍류 명사가 아니면 어렵다기에 손곡(蓀谷) 이달(李達)에게 어떻게 하면 만날 수 있겠느냐고 물었다. 이달이 알려주었다.

"소동(小童)으로 하여금 거문고를 가지고 뒤를 따르게 하여 황진이의 집 근처 누각에 올라 술을 마시며 거문고를 타고 있으시오. 그러면 황진이가 나와서 그대 곁에 앉을 것이오. 그때 본체만체하고 일어나 재빨리 말을 타고 가면 황진이가 따라올 것이오. 취적교(吹笛橋)를 지날 때까지 뒤를 돌아보지 마시오. 돌아보면 성공 못 하니 명심하시오."

벽계수가 그 말을 따라서 누각에 올라 술을 마시고 거문고를 한 곡 타고 나서 나귀를 타고 가니, 황진이가 과연 뒤를 좇았다. 취적교에 이르렀을 때 황진이가 동자에게 그가 벽계수임을 묻고는 노래 한 곡조를 불렀다.

청산리 벽계수(靑山裏 碧溪水)야 쉬이 감을 자랑 마라
일도창해(一到蒼海)하면 돌아오기 어려우니
명월(明月)이 만공산(滿空山)할 때 쉬어간들 어떠리

이 노래를 듣고 차마 그냥 갈 수가 없었다. 고개를 돌려 보다가 그만 나귀에서 떨어졌다. 황진이가 웃으며 가버렸다.

"이 사람은 명사가 아니라 단지 풍류랑일 뿐이다."

벽계수는 매우 부끄럽고 한스러워했다. 벽계수에게 황진이 만날 길을 일러주었다는 이달은 원주 부론 사람이다. 벽계수의 묘가 이달의 고향과 가까운 곳에 자리 잡다니 묘한 인연이다. 사랑의 정한을 노래한 황진이의 시조 두어 편을 더 감상해보며 두 연인의 삶을 기린다.

어져 내 일이야 그릴 줄을 모르던가
이시랴 하더면 가랴마는 제 구태여
보내고 그리는 정은 나도 몰라 하노라

동짓달 기나긴 밤을 한 허리를 베어내어
춘풍 이불 아래 서리서리 넣었다가
님 오신 날 밤이어든 굽이굽이 펴리라.

이런 황진이도 죽음으로 벽계수와 영원히 이별해야 했으니 오죽 애통했으랴. 황진이 무덤에서 읊었다는 벽계수의 애달픈 시조가 지금까지도 뭇사람의 애간장을 녹인다.

청초 우거진 골에 자는가 누웠는가
홍안은 어디 두고 백골만 남았는가
잔 잡아 권할 이 없으니 그를 슬퍼하노라.

여기 동화골 벽계수 묘역에 황진이의 넋이라도 다녀갔는지… 덩그러니 홀로 자리한 묏등으로 스치는 바람이 썰렁하다. 애써 찾아와 잔 권하는 이 없을 듯하니 나라도 가끔 들러야겠다. 청산에 푸른 물은 예나 지금이나 속절없이 쉬이 흘러가는구나. ❡

경칩에 봄을 생각하며

남쪽 지방 계곡물에서 개구리 알을 보았다는 뉴스가 들린다. 그러고 보니 경칩이 낼모레다. 바야흐로 봄이로구나. 버들강아지를 꺾으러, 개구리 알을 찾으러 들판이나 계곡으로 나가볼 일이다. 그러나 아직은 살갗에 저미는 한기가 몸을 움츠리게 한다. 날씨도 그렇지만 계절이 바뀌는 감흥이 예전 같지 않다. 봄나들이 나서는 일이 마냥 즐겁지도 설레지도 않는다. 회춘할 날이 있으려나. 속절없이 피어오르는 부질없는 생각을 짓누르면서 경칩이 던지는 봄의 메시지를 살펴본다.

경칩(驚蟄)은 24절기에서 세 번째로 찾아오는 절기다. 우수와 춘분 사이에 있다. '계칩(啓蟄)'이라고도 하는데 양력 3월 6일경이다. 풀과 나무에 물이 오르고, 겨울잠을 자던 동물과 벌레들이 잠에서 깨어나 꿈틀거리기 시작한다는 뜻에서 이러한 이름이 붙었다고 한다.

경칩에 개구리 알을 먹으면 몸에, 특히 허리 아픈데 좋다는 속설이 있어 이날 개구리 알을 찾아 나서기도 했다는데 실제 그러하다면 개구리가 멸종되고 말았으리라.

이날 흙일을 하면 탈이 없다고 해서 담벼락을 바르거나 담장을 쌓는다. 또 벽을 바르면 빈대가 없어진다고 하여 일부러 흙벽을 바르는 지방도 있다고 한다. 빈대가 심한 집에서는 물에 재를 타서 그릇에 담아 방 네 귀퉁이에 놓아두면 빈대가 없어진다는 속설이 전한다. 보리 싹의 자람을 보아 그해 농사의 풍흉을 점치기도 한다.

옛날에는 경칩 날 젊은 남녀들이 서로의 사랑을 확인하는 징표로써 은행 씨앗을 선물로 주고받으며, 은밀히 은행을 나누어 먹는 풍습도 있었다 한다. 이날, 날이 어두워지면 동구 밖에 있는 수나무 암나무를 도는 사랑놀이로 정을 다지기도 했다. 우리 겨레 고유한 연인의 날이었던 셈이다.

우리말 봄의 어원과 그 뜻에 관해서도 알아보자. 두 가지 설이 있다. 그 한 가지는 불의 옛말 '블(火)'과 '오다'의 명사형 '옴(來)'이 합해진 '블+옴'에서 'ㄹ' 받침이 떨어져 나가면서 '봄'으로 불렀다는 설, 곧 따뜻한 불의 온기가 다가옴을 뜻하는 말이라는 것이다.

다른 한 가지는 봄은 '보다(見)'라는 말의 명사형 '봄'에서 왔다고 보는 설이다. 우수가 지나면 봄이 온다. 겨우내 얼어붙었던 땅에 생명의 힘이 솟는다. 풀과 나무에 물이 오르고, 꽃이 피며, 동물들도 활기차게 움직인다. 이 모든 생동하는 것들을 '새로 본다'는 뜻인 '새봄'을 줄여서 봄이라 불렀다고 한다.

한자 봄 '춘(春)' 자를 풀이하면 이는 원래 뽕나무 '상(桑)' 자와 해를 뜻하는 날 '일(日)' 자, 두 상형문자를 합한 회의문자다. 따사한 봄 햇살을 받아 뽕나무의 여린 새싹이 힘차게 돋아나오는 때를 뜻한다.

한편 영어로 봄을 뜻하는 'spring'은 원래 돌 틈 사이에서 맑은 물이 솟아 나오는 옹달샘을 뜻하는 말이란다. 이러한 말 풀이에서 보듯 봄은 풀과 나무의 새싹이 땅을 뚫고 솟아 나오고 겨울잠을 자던 개구리도 뛰쳐나오는 때이다. 가히 봄은 생명의 계절이다. 이 계절을 나타내는 동서양의 말뜻이 서로 비슷하다는 것은 어쩌면 자연스러운 일이다.

어떤 사람은 '봄'을 '春'과 'spring'의 의미와 비교하면서 우리말 봄이 인간 중심의 이름이라 하여 그 의미를 더 깊게 두기도 한다. 뽕나무에 새순이 돋는다는 뜻의 한자 '春'이나, 삼라만상의 생기가 새로 솟아올라 온다는 뜻을 담은 영어의 'Spring'이 모두 자연이 주체가 되어 솟아오른다는 자연 중심의 이름이다. 반면에 우리말 '봄'은 사람이 주체가 되어 대자연이 움 돋는 생기를 새롭게 본다는 인간 중심의 이름이라는 것이다. 새겨들을 만하다. 어떻든 봄은 희망의 계절이요 생명의 계절이요 잉태의 계절이다. 정지용 시인이 봄을 읊은 시, 「춘설」을 감상하며 봄 말이 전하는 메시지를 가슴에 담아둔다.

춘설(春雪)

정지용

문 열자 선뜻!
먼 산이 이마에 차라

우수절(雨水節) 들어
바로 초하루 아침,

새삼스레 눈이 덮인 멧부리와
서늘옵고 빛난 이마받이 하다

얼음 금 가고 바람 새로 따르거니
흰 옷고름 절로 향기로워라

옹송그리고 살아난 양이
아아 꿈 같기에 설어라

미나리 파릇한 새순 돋고
옴짓 아니 기던 고기 입이 오물거리는,

꽃 피기 전 철 아닌 눈에
핫옷 벗고 도로 춥고 싶어라. ❡

❡ 업(鄴) 태수 서문표 일화

말도 많고 탈도 많은 4대강 사업…. 이런저런 논란이 좀 수그러드는가 싶더니 새 정부가 꺼져가는 불씨를 살리려고 부채질을 해댄다. 몇 군데 4대강 보의 봇물을 방류하겠다나. 녹조가 보를 막아 물을 가두었기에 생긴다는 논리에서다. 보를 아예 철거해야 한다는 억지 주장에 힘을 보태는 형국이다. 부관참시라도 하겠다는 기세다. 4대강 사업이 역적죄라도 지었다는 거냐. 빈대 잡으려다 초간 삼간 태운다는 속담이 딱 들어맞는 형국이다.

4대강 사업뿐만 아니라 원자력 발전소, 서귀포 해군기지 사업 등등, 전 정부가 벌인 여러 사업이 얼토당토않고 어쭙잖은 논리로 천덕꾸러기 신세가 되고 있으니 이 노릇을 어찌하면 좋으냐. 이는 독선과 아집일 뿐이라는 내 생각이 잘못된 것이냐. 아니다. 이러고서는 나라가 바로 설 수 없다. 올바른 정치가 아니라고 본다.

나는 자주 4대강 사업으로 생긴 동네 주변 섬강 자전거길을 산책하거나 자전거로 달려본다. 그때마다 참 잘된 사업이라고 생각하면서 온전히 끝내지 못한 4대강 지류 사업도 마저 시행하여야 한다는 믿음을 굳힌다. 오늘도 그 길을 한 바퀴 돌고 왔는데 들리느니 다른 데 보도 열어야 한다는 답답한 소식만 들린다. 그런 사람들이 귀담아듣기나 하겠느냐만 듣거나 말거나 옛날 치수 사업 이야기나 한번 해 보련다.

어느 신문에서 본 글로 『사기』 「골계열전(滑稽列傳)」에 실려 있는 서문표(西門豹) 이야기다. 그는 위(魏)나라 안읍(安邑) 사람으로 수리 전문가였다. 위문후(魏文侯) 때 업령(鄴令)을 지내면서, 황하의 신인 하백(河伯)에게 민간 아녀자를 바치는 풍속을 타파하고, 백성들을 동원하여 12곳의 운하를 개통하였다는 인물이다.

그가 '업(鄴)'이라는 지역의 태수로 나갔을 때 일이다. 황하 지류인 장수가 지나는 이 지역은 가뭄과 홍수가 번갈아들어 농업이 피폐하고 농민들의 삶이 고단했다. 서문표가 부임해 보니 지역민들의 홍수 예방책이 강에 산다는 귀신 하백(河伯)에게 처녀를 산 채로 시집보내는 일이었다.

자연은 신령스럽고 영험해 감히 인간이 손을 대서는 안 되기 때문에 하백에게 처녀를 바치며 신령에게 제사를 지낸다는 것이다. 풍속 교화의 책임을 지고 있는 지역 장로 3명과 늙은 무당은 농민들의 돈을 걷어 이 중 일부는 제사를 지내고 나머지는 자신들이 나누어 가졌다.

마침 처녀를 바치는 제례가 열린다는 소식을 듣고 서문표가 이 행사에 참석했다. 장엄한 풍악이 울리는 가운데 하백에게 시집갈 처녀를 앞세운 무당의 무리가 강변에 도착했다. 서문표가 나서면서 말했다.

"하백에게 시집 보낼 처녀라면 당연히 미색이 빼어나야 할 터인데 내가 얼굴을 보아야겠다."

힐끗 처녀를 쳐다보고는 "처녀의 미색이 중간 이하이다. 이래서야 하백의 마음을 위로할 수 없다. 내가 시집갈 처녀를 다시 선정할 테니 무당은 하백에게 가서 혼례를 며칠이나마 늦춘다고 통지하고 오너라."

이 말과 함께 무당을 강물에 던져 넣었다. 무당이 물에 던져진지 한 식경을 지나도 감감무소식이다.

"무당이 늙어 발걸음이 느린 모양이니 이번에는 젊은 너희들이 직접 다녀와야겠다."

서문표는 군사를 동원하여 무당을 추종하는 젊은 무당 10여 명을 모두 물에 던져 넣었다. 그는 사뭇 진지한 표정으로 강물 앞에 무릎을 꿇고 하백의 응답을 기다렸다. 그래도 강물에서 살아 나온 사람이 없자 이번에는 장로들에게 말했다.

"여자들이 소식이 없으니 이번에는 풍속 교화에 책임을 지고 있는 남자들이 다녀와야겠소."

그러고 나서 장로 3인을 물속에 밀어 넣었다. 또 한참의 시간이 지났다.

"하백의 마음을 그리도 잘 안다던 사람들이 이렇게 하백과 대화가 통하지 않아서야 말이 되겠는가. 이제 누가 하백에게 다녀올 것인가."

무리를 돌아보았다. 아전과 지방 호족들은 머리를 땅에 짓이겨 피를 흘리며 말했다.

"다시는 이런 일이 없도록 할 터이니 저희를 용서하소서."

이렇게 하여 비로소 '업' 지방의 처녀 공양 미신이 사라졌다.

"강물에 귀신이 살 리 없는 것이고 홍수와 가뭄은 사람이 하기에 달린 일이다."

서문표는 다음 날부터 농민들을 동원해 12개 지역에서 땅을 파고 수로를 뚫기 시작했다. 비만 오면 거칠게 내달려 홍수를 일으키곤 하던 강물의 유속이 조절됐다. 황하는 올바르게 치수 되었고 농민들의 삶도 비로소 개선되었다.

이 일화를 보면 올바른 지도자의 위력을 새삼 느끼게 한다. 우리나라에도 서문표 같은 지도자가 나타나기를 바라는 마음이 간절하다. 새 정부에서 이런 일이 일어난다면 오죽 좋으랴만, 기대난망이다. ❡

❡ 술 이야기

‘술 없는 나라가 이 지구상에는 없다. 우리나라 사람만큼 술 좋아하는 민족이 없다.’라는 이야기를 들은 적이 있다. 이 사실이 진리인지 아닌지 따져보지는 않았다. 술을 좋아하는 내 처지에서 본다면 그 말이 정말인 듯하고, 또 그러기를 바란다.

술을 아예 못 마시고, 마시기는 하나 그다지 좋아하지 않는 사람은 댓바람에 아니라고 반론을 제기할 것이다. 그들로서는 자신의 몸속에 술 좋아하는 민족의 피가 흐름을 용납할 수 없겠지. 아마도 기가 차고 분통 터질 일이리라.

그야 어쨌든 내 삶에 있어서 술은 아내와 함께 나를 지탱해 준 반려자였다. 왜 그렇게 술을 즐기며 살았을까. 외롭고 괴롭고 고단한 삶이어서? 삼대독자인 몸으로 편부 슬하에서 어머니의 정을 모르고 살았으니 그럴 만도 하다. 그러나 그것만이 정답은 아니다.

이 세상에서 외롭고 괴롭고 고단한 사람만 술 마시라는 법은 없다. 술은 기분 좋아 마시기도 한다. 어떤 시합에서 승리했을 때, 하고자 했던 일이 원하던 대로 이뤄졌을 때, 다시 보고 싶은 사람과 만났을 때 사람들은 축배를 든다. 슬퍼서만이 아니라 기뻐서도 술을 마시는 것이다.

술과 벗하며 살아온 내 삶이 장구하다. 중학교 졸업할 무렵에 막걸리로 사귀기 시작하여 환갑을 넘긴 여태껏 그와 더불어 사니 어언 반백 년이다. 돌아보니 즐거워서도, 외로워서도, 괴로워서도, 때로는 아무 이유 없이도 술자리를 벗하였다. 한데 과연 술의 참맛을 알고서나 마셨는지, 참 멋과 흥취가 우러나는 술자리였는지는 장담할 수 없어 부끄럽다. 바둑에서 가장 높은 9단의 별칭을 입신(入神)이라 한다는데, 내 주도(酒道)는 몇 단이나 될까. 입신은 커녕 주도를 논할 자격조차 없는 듯하다.

단(段) 어쩌고 하니, 오래전에 재미나게 읽은 주도 유단(酒道有段)이라는 조지훈 시인의 글이 생각난다. 조 시인은 '많이 안다고 해서 교양이 높은 것이 아니듯이 많이 마시고 많이 떠드는 것만으로 주격(酒格)은 높아지지 않는다'며 주도(酒道)에도 엄연히 단(段)이 있다고 했다. 그러면서 술 마신 연륜이나, 술친구, 술버릇 그 기회와 동기 등을 종합하여 주단(酒段)을 18단계로 분류했다.

1단 불주(不酒)부터 8단 반주(飯酒)까지는 술을 안 마시거나 형편에 따라 마시는 사람으로 유단자라 하기에는 좀 모자라는 부류다. 9단부터가 진정한 주도 유단자로 18단까지 10단계로 분류하면서 각각 단의 별칭을 붙였다.

9단은 학주(學酒) 주졸(酒卒), 10단은 애주(愛酒) 주도(酒徒), 11단은 기주(嗜酒) 주객(酒客), 12단은 탐주(貪酒) 주호(酒豪), 13단은 폭주(暴酒) 주광(酒狂), 14단은 장주(長酒) 주선(酒仙), 15단은 석주(惜酒) 주현(酒賢) 등등….

살아서 최고의 경지는 16단 낙주(樂酒)다. 마셔도 그만 안 마셔도 그만, 술과 더불어 유유자적하는 사람으로 별칭을 주성(酒聖)이라고 했다. 그 위에 두 단을 더 얹었는데 17단 관주(觀酒)와 18단 폐주(廢酒)다. 17단 관주는, 주종(酒宗)으로 술을 보고 즐거워하되 이미 마실 수 없는 사람이다. 18단은 폐주 또는 열반주(涅槃酒)라 하는데 술로 말미암아 다른 술 세상으로 떠나게 된 사람으로 별칭을 붙이지 않았다. 저승 갈 준비를 하거나 이미 가 있는 사람을 최고위 주단으로 분류하다니 알쏭달쏭하다.

어쨌거나 이 기준대로 내 주도를 따진다면 몇 단으로 대접받을까. 반백 년 연륜이라면 주성을 탐해봐야 하지 않을까. 어불성설이다. 많이 마신 양만으로 친다면 그럴 수도 있겠다. 그러나 조지훈 시인의 말대로 많이 마신다고 해서 주격이 높아지는 것은 아닐진대, 내 주력(酒歷)을 돌아보면 되고 말고 많이 마시기만 했으니 어찌 주성 운운할 수 있다는 말인가. 또 주량이 많은 걸 자랑삼지만, 기껏해야 2홉들이 소주 두어 병이면 대취하여 실수가 적잖았으니 학주(學酒), 주졸(酒卒) 급에도 미치지 않으리다. 어찌 감히 주도를 논하며 주성을 탐하랴. 주도, 주단 어쩌고 허세 부리지 말고 변영로 시인의 수필 「백주에 소를 타고」에 나오는 술 마시는 장면이나 한번 즐겨보자.

비는 호세 있게 내리어 속수무책으로 살이 불을 지경으로 흠뻑 맞았다. 우리는 비록 쪼루루 비 두루마기를 하였을망정 그때의 그 장경(壯景)! 산중취우(山中驟雨)의 그 장경은 필설난기(筆舌難記)이었다. 우리 4인은 불기이동(不期而同)으로 만세를 쾌창(快唱)하였다.

그 끝에 공초(空超) 선지식(善智識), 참으로 공초식 발언을 하였다. 참으로 기상천외의 발언이었던 바, 다름 아니고 우리는 모조리 옷을 찢어 버리자는 것이었다. 옷이란 워낙 대자연과 인간 사이의 이간물(離間物)인 이상, 몸에 걸칠 필요가 없다는 것이다. 따는 그럴 듯도 한 말이었다. 공초는 주저주저하는 나머지 3인에게 시범 차(示範次)로인지 먼저 옷을 찢어 버리었다.

이렇게 술 마시고 대취하여 집에 내려오는데 소나무에 매어둔 소를 발견하고는 일사(一絲) 불착(不着)한 상태, 그러니 발가벗은 몸으로 소 등에 올라타서 공자 모신 성균관을 지나 서울 큰 거리까지 진출하였다가 큰 봉변을 당했다고 하니….

그 장면을 술 문외한은 감히 상상하지 못할 터나 술꾼이라면 고개를 끄덕이리라. 술 마신다고 뽐내려면 그런 경지를 한 번이라도 겪고 나서 말할 일이다. 주도 18단의 각 단계, 특히 16단 낙주의 경지인 주성은 탐낸다 하여 아무나 딸 수 있는 홍시가 아니다. 대부분 이 반열에 오르지 못하고 세상을 뜬다. 18단 폐주, 열반주 단계에 드는 것이다.

반백 년이나 즐긴 내 술 인생도 언젠가는 끝나겠지. 술이 먼저 끝날지, 인생이 먼저 끝날지…. 어찌 되든 임금이나 아버지의 명이 아니면 다시는 술을 마시지 않겠다고 맹세하였다는 남효온 선비처럼 술을 아예 끊고 싶지는 않다. 그렇더라도 적당히 즐겨서 술로 구설에 올라 죄짓는 일만큼은 삼가야 하지 않겠나.

남효온은 조선 전기의 문신으로 생육신의 한 사람이다. 그가 남긴 답동봉산인서(答東峯山人書) 한 대문을 옮겨 새기면서 남은 주막 인생의 교훈으로 삼는다.

"저는 젊어서부터 술을 매우 좋아하여 중년에 구설(口舌)에 오른 적이 많았기에 제멋대로 주정뱅이 짓을 하여 세상에 영영 버림받은 사람이 되는 것을 제 분수로 여겼습니다. 몸은 외물(外物)에 끌려가고 마음은 육체에 부려져서 정신력은 예전보다 절로 줄었고 도덕은 처음 마음을 날로 저버리게 되었습니다. 그래서 뜻하지 않게 점점 부덕한 사람이 되어 집안에서 마구 주정을 부려 어머님께 수치를 크게 끼치고 말았습니다. 맹자는 '장기 두고 바둑 두며 술 마시기를 좋아하여 부모님의 봉양을 돌아보지 않는 것'을 불효라 하였거늘, 하물며 술주정이야 말할 나위 있겠습니까. 술이 깨고서 스스로 생각건대, 그 죄가 삼천 가지 중의 으뜸에 해당하니, 무슨 마음으로 다시 술을 들겠습니까. 이에 천지에 물어보고 신명(神明)께 절하고 제 마음에 맹세한 뒤에 어머님께 아뢰기를, '지금 이후로는 군부(君父)의 명이 아니면 감히 술을 마시지 않겠습니다.'라고 하였으니, 이렇게 한 까닭은 술 취하는 게 싫기 때문입니다." ❡

내기 인생

김장래 수필집

1판 1쇄 인쇄/ 2018년 10월 10일
1판 1쇄 발행/ 2018년 10월 15일

지은이 / 김 장 래
펴낸이 / 우 희 정
펴낸곳 / 도서출판 소소리

등록 / 제300-2007-21호
주소 / 03073 서울 종로구 성균관로 5길 39-16
전화 / 765-5663, 010-4265-5663
e-mail: sosori39@hanmail.net
www.sosori.net

값 12,000 원

*잘못된 책은 바꿔드립니다.

ISBN 979-11-5891-112-6 03810

*이 책은 강원도 · 강원문화재단의 후원으로 발간하였습니다.